西北民族大学重点学术著作资助项目

高校图书馆社会化服务概论

赵国忠　张创军　著

國家圖書館出版社
National Library of China Publishing House

图书在版编目(CIP)数据

高校图书馆社会化服务概论/赵国忠,张创军著. -- 北京:国家图书馆出版社,2016.10

ISBN 978-7-5013-5943-1

Ⅰ.①高… Ⅱ.①赵… ②张… Ⅲ.①院校图书馆—图书馆服务—研究 Ⅳ.①G258.6

中国版本图书馆CIP数据核字(2016)第221768号

书　　名	高校图书馆社会化服务概论
著　　者	赵国忠　张创军　著
责任编辑	金丽萍　王炳乾

出　　版	国家图书馆出版社(100034　北京市西城区文津街7号) (原书目文献出版社　北京图书馆出版社)
发　　行	010-66114536　66126153　66151313　66175620 66121706(传真)66126156(门市部)
E-mail	nlcpress@nlc.cn(邮购)
Website	www.nlcpress.com→投稿中心
经　　销	新华书店
印　　装	北京玥实印刷有限公司
版　　次	2016年10月第1版　2016年10月第1次印刷

开　　本	880毫米×1230毫米　1/32
印　　张	6.875
字　　数	200千字

书　　号	ISBN 978-7-5013-5943-1
定　　价	48.00元

前　言

早在20世纪80年代中期，诸多媒体就对高校图书馆面向社会开放问题展开了讨论，进入21世纪以来，高校图书馆面向社会服务更是成为热门话题。

自20世纪90年代以来，图书馆学界对高校图书馆社会化服务给予了广泛关注并进行了深入的研究，涌现出了一大批高质量的理论研究成果，其中最重要的是沈阳师范大学王宇研究馆员的专著《高校图书馆社会化服务研究》。另外，近年来关于高校图书馆社会化服务的项目主要有王宇等人的辽宁省社会科学规划基金项目“高校图书馆社会开放服务研究”、唐晓阳的广州市教育局市属高校科研计划项目“高校图书馆与公共图书馆社会服务合作研究”、王玉林等人的2010年教育部人文社科项目“高校图书馆面向社会开放的制度与法律问题研究”、陈丽萍的北京高校图书馆2010—2011年科研基金项目“中外高校图书馆社会服务比较研究”等。据不完全统计，近10年来，共有600余篇此类文章发表。研究的主题主要有高校图书馆社会化服务的必要性和可行性、高校图书馆社会化服务的理论依据、高校图书馆社会化服务的法律依据、高校图书馆社会化服务的模式、高校图书馆社会化服务的障碍因素、高校图书馆社会化服务的策略、区域性高校图书馆社会化服务、中外高校图书馆社会化服务比较研究等。

与此同时，国内外高校图书馆社会化服务的活动在近十多年来正在如火如荼地开展着。开展最多的是传统的空间利用和文献借阅服务。随着现代信息技术和网络技术的大力发展以及在高校图书馆中的普遍运用，图书馆主页浏览、电子阅报器、文献远程传递、参考咨询、科技查新等新型服务方式也在不断地被运用到高校图书馆社会化服务中，同时，高精尖的学科服务、课题跟踪服务等也已初见端倪，并被及时运用到高校图书馆社会化服务中。和国外高校图书馆相比，我国高校图书馆社会化服务的内容、水平及开放程度差距还很大，还没有得到各级政府和高校管理者的高度重视。但是，随着信息社会进程的不断加快和国家对全民素质教育的重视程度的加强，高校图书馆向社会开放、为社会用户提供服务将会成为必然，高校图书馆社会化服务将会得到更多的业界人士和各级政府的重视。

回顾国内外高校图书馆社会化服务的理论成果和实践经验，存在立法的细化程度不足，具体的服务措施和保障机制研究不足，服务项目单一，对高校图书馆社会化服务的评价体制研究不足，相关政策、法律缺乏等问题。

本书作者之一赵国忠在高校图书馆工作 30 年，对图书馆学诸多领域都有较深入的研究，在高校图书馆社会化服务方面，先后发表过《高校图书馆社会化服务的平衡机制研究》《高校图书馆社会化服务研究综述》《高校图书馆面向社会提供知识服务探析》和《兰州市高校图书馆社会化服务现状分析及发展研究》等文章。2010 年完成 5 万字的硕士论文《兰州市高校图书馆社会化服务现状分析及发展研究》。2012 年系列论文“高校图书馆社会化服务研究”获甘肃省高校哲学社会科学优秀成果三等奖。

在取得一定研究成果的基础上，我们又收集了近年来其他同仁发表的大量优秀研究成果，并调查了解了国内外高校图书馆社会化服务现状，分析已有研究成果，总结经验，查找不足，展望未来，对这一领域进行了诸多方面的研究，形成现在这部书稿，希望以此推进高校图书馆社会化服务工作。

本书主要包括 11 个章节。

第一章，绪论。主要归纳了社会化、社会化服务、图书馆社会化服务和高校图书馆社会化服务的基本概念，探讨了高校图书馆社会化服务的研究背景和研究意义。

第二章，国内外高校图书馆社会化服务研究综述。系统归纳了国内外在这一领域的研究成果，分析其不足和特点。

第三章，高校图书馆社会化服务的历史渊源。对国内外高校图书馆以及高校图书馆社会化服务的历史发展进行了详细的梳理。

第四章,高校图书馆社会化服务的必要性和可行性。本书认为,高校图书馆开展社会化服务是其公共产品属性决定的,是和谐社会构建的需要,是高等教育改革发展的必然要求,是顺应文化体制改革的客观需要,网络环境加速了图书馆社会化的需求,是图书馆事业发展现状的要求,是高校图书馆自身发展的趋势。丰富的馆藏资源奠定了坚实的信息基础,先进的技术手段提供了可供服务的技术平台,高素质的干部队伍是面向社会服务的可靠保证,便利的地域环境有利于社会用户享受高校图书馆的服务,比较充裕的资金优势为高校图书馆提供了可靠的保障。

第五章,高校图书馆社会化服务的法律依据。本书从国家层面、相关部门、行业协会三个层面归纳了近年来有关高校图书馆社会化服务的政策和法规。对国外"图书馆法"的立法情况进行了总结,详细说明了《中华人民共和国宪法》《中华人民共和国高等教育法》《普通高等学校图书馆规程》《北京市图书馆条例》《上海市公共图书馆管理办法》《公共图书馆宣言》和《图书馆合作与信息资源共享武汉宣言》等法规条例行业宣言中关于高校图书馆社会化服务的规定。

第六章,我国高校图书馆社会化服务的现状分析。运用网络调查和文章查阅的方式对我国高校图书馆社会化服务的现状进行了详细分析。本书认为当下我国高校图书馆社会化服务的特点表现为认识逐渐统一、社会化服务不断深入、社会化服务范围不断扩展、社会化服务项目不断丰富。影响高校图书馆社会化服务工作的障碍因素主要包括:观念因素、政策因素、体制因素、资金因素、人员因素、管理因素、技术因素、信息资源因素、地域因素。

第七章,中外高校图书馆社会化服务的典型案例。对国内外高校图书馆开展社会化服务的典型案例进行了归纳和分析。其中国外的典型案例主要有美国麻省理工学院图书馆的移动信息服务、电子阅读服务和参考咨询服务,斯坦福大学图书馆的学科资源导航服务,哈佛大学图书馆的学术协助服务和图书馆联盟服务,法兰克福大学图书馆的学习型家庭式成员、学习型组织式社团服务等。国内开展社会化服务比较有代表性的高校图书馆主要有广州大学图书馆、石河子大学图书馆、广西大学图书馆、商洛学院图书馆、武汉大学图书馆、深圳大学城图书馆、重庆大学图书馆和北京高校图书馆联盟等。

第八章,国内外高校图书馆社会化服务的主要模式。其中国外的服务模式主要包括:传统信息服务模式、网络化信息服务模式、个性化服务模式、校友特色服务模式和校外学习支持服务模式。国内的服务模式主要包括:基础服务模式、数字信息资源服务模式、支持基层图书馆建设的"1+X"服务模式、流动图书馆服务模式、校地共建高校图书馆服务模式和图书馆联盟服务模式。

第九章,高校图书馆社会化服务的保障机制。本书认为,高校图书馆开展社会化服务应该遵循校内优先原则、社会效益和经济效益相统一的原则、量力而行原则、循序渐进原则、以用户为中心原则、共建共享原则、最大效用原则和以人为本原则,应强化政策法规、资金来源、信息资源、人力资源、技术、制度等方面的保障。

第十章,推动高校图书馆社会化服务进一步发展的措施。主要措施包括:转变观念,加强宣传,统一认识;制定高校图书馆社会化服务的有关法规,提供法律保障;成立相应的领导机构,保证此项工作的顺利进行;以弱势群体为重点,开展多层次的服务项目;加强高校图书馆联盟的整体效能,采用多种模式互补的形式,提高服务质量;实行社会化管理;建立高校图书馆社会化服务的评价体系。

第十一章,高校图书馆社会化服务发展趋势展望。本书认为,随着科学技术的不断发展和社会文明程度的不断提高,高校图书馆社会化服务工作将会得到更多的关注、更多的支持和更大的发展。展望未来,新的高科技技术将会更多地运用到此项工作中,越来越多的高校图书馆将会参与到服务社会的活动中,服务范围定会越来越广,服务方式将会更加丰富多彩,高校图书馆社会化服务工作将会持续、规范、科学、深入地开展下去。

应该说,我国的高校图书馆社会化服务工作还处于起步阶段,与世界接轨还需要很长的时间，做更多的工作，但最大限度地满足每一位公民对信息和知识的需求，真正实现信息和知识享有均等化，是每一个图书馆（包括高校图书馆）应尽的责任，高校图书馆面向社会提供服务的前景是非常美好的。

本书由赵国忠和张创军合作完成，其中赵国忠负责策划全书的大纲，承担前言、第一章和第八至第十一章的撰写任务，张创军承担第二至七章的撰写任务。全书由赵国忠最后统稿审定。

本书得到了“西北民族大学重点学术著作项目”经费资助。感谢学校，作为学校工作人员，深感在这个大家庭中生活、工作的温馨。

本书参阅了众多同仁的研究成果，有些罗列于参考文献，有些可能被遗漏，这些研究成果对于该书的写作提供了很大的帮助，在此表示衷心的感谢。由于作者学识和阅历有限，书稿难免存在一些不足，希望专家和同行不吝批评指正。

赵国忠

2016 年 6 月 2 日

[illegible]遗产的[illegible]，[illegible]

[illegible]需求，[illegible]

[illegible]

服务的[illegible]

本书[illegible]

[illegible]

[illegible]

[illegible]

[illegible]

[illegible]

[illegible]

[illegible]

[illegible]

2016年6月2日

目　录

第一章 绪　论

一、基本概念

要了解高校图书馆社会化服务，必须从社会化、社会化服务和高校图书馆社会化服务的概念说起。

“社会化”是来自于社会学的一个概念，原本用来表示个人、群体或某种文化传统的变化过程，其基本含义是指个体在与社会的互动过程中，通过对社会规范与社会文化的内化以及角色知识的学习，逐渐由生物人成长为社会人并适应社会生活的全过程[1]。但随着社会的发展变化以及研究的不断深入，“社会化”概念的内涵也在不断地拓展和扩大，逐渐由狭义上有关个体发展的研究扩展到社会分工扩大的范畴，比如，教育社会化、高校后勤社会化、组织社会化、养老社会化，等等。但这些用法中的“社会化”主要指服务环节上的社会化，即将原来由政府或单位承担的事务分离出来，交由社会共同参承担[2]。图书馆的社会化是指图书馆积极参与社会工作，发挥自身信息资源的优势，不断促进社会发展的一个过程[3]。

社会化服务也称服务社会化，是一个泛指或比较宽松的概念，一般指某一行业利用特有的技术、人力和资源，面向社会提供服务。这个概念一般包括两层意思。一是指服务范围的社会化，即在原来服务对象的基础上，扩大范围，面向社会部分行业、部分群体，或者全社会开展服务；二是改变已有的服务模式，采取社会化的服务模式，是服务模式的改变。我国研究内容较多和开展社会化服务较早的行业包括农业、林业、商业、电信、交通、体育设施、档案馆、博物馆等。这些行业的社会化服务凸显出各自的特点，形成各自的体系。

通过各种渠道查询,至今对“社会化服务”没有确切的定义。相关的定义有社会化管理服务和服务社会化。社会化管理服务是指把企业管理离退休人员的工作逐步转移到社会上来,由社会为离退休人员提供服务。主要包括离退休人员的养老金发放,为离退休人员提供活动场所,组织离退休人员参加各种有益身心健康的活动等方面。服务社会化是通过一体化经营,不仅可以利用“龙头”企业资金、技术和管理优势,而且还能够组织有关科技、信息、供销等机构,对一体化内各个组成部分提供产前、产中、产后的信息、技术、管理的全程服务,促进各种要素直接、紧密、有效地结合[4]。

社会化服务与公共服务既有联系,又有区别。公共服务是21世纪公共行政和政府改革的核心理念,包括加强城乡公共设施建设,发展教育、科技、文化、卫生、体育等公共事业,为社会公众参与社会经济、政治、文化活动等提供保障。公共服务以合作为基础,包括加强城乡公共设施建设,强调政府的服务性,强调公民的权利。狭义的公共服务不包括国家所从事的经济调节、市场监管、社会管理等一些职能活动,即凡属政府的行政管理行为,维护市场秩序和社会秩序的监管行为,以及影响宏观经济和社会整体的操作性行为,都不属于狭义公共服务,因为,这些政府行为的共同点,是它们都不能使公民的某种具体的直接需求得到满足[5]。

我们再看看有关其他行业社会化服务的定义。

农业社会化是在社会分工扩大和农业生产专业化的基础上,转变农业生产与发展方式,将原本孤立、封闭、自给型的体系转变为分工细密、协作广泛、开放型的商品性体系的过程。农业社会化主要包括两方面的含义:其一,在微观层面上,农业劳动生产者——农民在实际生产及经营过程中,受自身素质与能力的限制而逐渐产生出对社会的依赖。其二,在宏观层面上,伴随社会分工的扩大,农业生产专业化与标准水平的不断提高,其他社会经济部门开始逐渐参与农业生产[6]。

农业社会化服务是现代农业内涵的一部分,它是因农业产业内分工和外部关联而产生的专业化、市场化和社会化的生产和非生产性服务。其本质内涵是农业产前、产中、产后经济要素在现实经济矛盾中运动表现在现代农业产业链的运动过程[7]。

中小企业服务体系定义为以服务社会各类中小企业为宗旨,以营造良好的经营环境为目的,为中小企业的创立和发展提供多层次、多渠道、多功能、全方位服务的社会化服务网络。中小企业社会服务体系,是现代市场经济体系的一个重要组成部分,是市场经济条件下政府管理经济和市场机制、市场规律调节经济活动的有机结合体[8]。

林业社会化服务指的是专业经济技术部门、林业合作经济组织和社会其他方面为林业发展所提供的各种服务。简单而言,林业社会化服务主要是将产前(规划设计、技术培训、提供生产资料)、产中(技术指导、季节培训、现场指导)和产后(产品销售等)各环节统一起来,形成综合生产、经营、销售的服务体系[9]。

高校体育场馆社会化服务。各大拥有体育场地设施的高校,在保证自身教学任务、满足自身运动训练需求等条件的前提下,为了减缓人民群众日益增长的体育健身需求与健身设施不足又分配不均的矛盾,进一步提高体育资源的利用率,促进整个社会的协调可持续发展,而向有体育需求的社会大众提供有偿或无偿的社会性服务的实践活动[10]。

社会主义市场经济的迅猛发展和社会信息化进程的快速推进,使得信息网络化、社会知识化、学习社会化、教育终身化成为现代社会发展的必然趋势,在这样的时代背景驱动下,高校图书馆社会化服务的概念也应运而生。

从目前掌握的研究资料来看,高校图书馆社会化服务还没有一个固定的、公认的概念或定义,研究者只是从图书馆的固有属性和社会公众所拥有的知识信息享有权利出发,从高校图书馆的公共产品属性和向社会开放的必要性、可行性等方面进行定义的。

燕姣云认为,高校图书馆的社会化服务就是高校图书馆服务功能和外延的扩大化,高校图书馆在满足校内教职员工的基础上将服务的群体逐步从周边社区扩展到所有社会读者,向社会开放,为政府、企事业单位、社区居民等群体提供信息服务。高校图书馆社会化服务是在社会信息需求增长的历史背景之下,以高校图书馆为主体,以社会成员为服务对象,以满足社会用户的信息需求为目标,高校图书馆主动针对广大社会用户而开展信息服务的活动。它反映了高校图书馆与社会用户在社会化服务中的相互关系,也体现了这种相互作用的关系程度,抽象概括并描述了高校图书馆服务社会的这种作用方式[11]。吕雅娟则从高校图书馆的基本功能出发,认为高校图书馆社会化服务(Socialized Service of Academic Libraries)是指高校图书馆根据自身所具备的能力和资源,在保证满足本校的教学等正常工作需求的前提下,通过传统的或是网络的途径,向广大的社会用户敞开高校图书馆的大门,开放高校图书馆收藏的实体资源和虚拟资源,并为社会用户提供高校图书馆力所能及的信息服务,从而主动满足社会成员的信息资源需求的过程,这种服务可以是无偿的,也可以是有偿的[12]。刘明玉认为,所谓社会化服务,就是高校图书馆读者工作的功能社会化,即要求高校图书馆的读者工作在为本校的教学、科研服务的同时,走出馆门,走出校门,向社会开放,开展多种形式、多种渠道(有偿或无偿)的文献信息服务,以满足社会公众对文献信息的需求为出发点,使其能更好地适应社会各类组织以及个人等对信息的多元化需求[13]。

从高校图书馆社会化服务的概念,我们可以看出两层意思:一是高校图书馆的社会化服务首先是在保证本校服务前提下开展的,也就是说高校图书馆要以本校师生为服务重点,要以满足本校的教学科研服务为首任。同时高校图书馆的服务对象又不能仅仅停留在本校师生群体,要有接纳全社会成员并为其服务的意识。二是高校图书馆要采取各种服务方式将所有资源对社会开放,允许社会读者来馆查阅书刊资料,也允许社会用户通过网络获取所需资源,使高校图书馆的资源真正的共享,从而更好地为社会公众服务[14]。

二、研究背景及研究意义

1. 研究背景

图书馆是收藏、整理、传递文献信息并为一定用户提供优质服务的学术性机构。从它诞生开始,就被赋予了保护人类文化遗产、进行信息整序、传递文献信息和进行社会教育的特殊职能。从封建社会的藏书楼到近代的图书馆,再到信息社会的现代图书馆,都在以不同的姿态展示在世人面前,并紧密结合社会科技文化的发展和用户的需求,充分发挥着知识宝库和知识喷泉的作用,为社会进步和人类文明做出了应有的贡献。

从1902年徐树兰创建古越藏书楼开始,我国新型图书馆的发展已经经历了100余年的历史。在过去的100余年中,图书馆的发展随着社会的变革和科技的进步而不断发展着。在民主革命时期,各类图书馆高举“民主”和“科学”的大旗,为中国民主革命的推进和国外先进理论、科学技术的传播发挥了重要作用。

新中国成立后,图书馆事业得到了更大的发展,其数量和藏书量有了大幅度增长。受计划经济体制的影响,这一时期的图书馆被划分成不同行业、不同系统的图书馆,并严格地为自身系统和行业的特定读者服务。从图书馆的类型上来看,除了北京图书馆(行使国家图书馆职能)外,形成三足鼎立的图书馆行业的则是各级公共图书馆、高校图书馆和科学图书馆。其他还有少年儿童图书馆、企业图书馆、工会图书馆、社区图书馆、军队图书馆等。

在计划经济时代,为社会公众提供文献信息服务的,最主要的单位是各级公共图书馆,而处于基层的社区图书馆和乡镇图书馆提供的服务最为直接。当时,公共图书馆为社会读者提供文献服务,其服务对象有一定的限制,服务内容主要还是传统的文献外借,文献阅览,文献复制和编制二、三次文献等。高校图书馆和科技图书馆的任务主要是为本单位的职工提供文献服务，适当地兼顾社会读者。它们为社会读者服务的方式主要是通过本省(区)中心图书馆的馆际互借来实现的。另外还有一些高校图书馆和科技图书馆利用自身丰富的馆藏文献，与厂矿企业和研究院所紧密联系，积极开展定题服务、综述服务，形成初步的社会化服务格局。

20 世纪 80 年代末到 90 年代初，我国从计划经济体制逐步转向市场经济体制，工作的优劣、事业的发展不再是政府的计划和领导的片面定论，而要以市场为导向，以用户为中心，以市场消费和价值取向为目的。一时间，“大锅饭”被打破了，许多本本分分、老老实实干活的“先进”被迫下岗，失业人数不断增多。与此同时，私营企业、外资企业、中外合资企业得到重视和发展，国营企业全面改制。“聘任制”“股票”“股份制”“竞争上岗”等新现象层出不穷，社会在跨越式发展的同时，也给每个人增加了无形的压力。在这种特殊环境下，知识就是力量，知识就是资本，知识就是改变命运的坚强柱石，知识的作用被重新重视起来。

“尊重知识，尊重人才”良好社会氛围的形成，为图书馆开展优质服务提供了千载难逢的机会。为了生存，为了实现自己的人生价值，许多人又重新回到学校，开始函大、夜大、自考的学习，又有一些人匆匆赶到图书馆，在知识的海洋里畅游，不断完善自身的知识结构。与此同时，以计算机技术和网络技术为代表的高科技在图书馆得到广泛应用，图书馆从传统的手工服务实现了自动化服务，服务的手段更加先进，服务的效率更加快捷。还有以磁介质和网络为载体的电子文献和网络信息的引进，使广大读者拓宽了文献利用的视野，缩短了文献信息的检索和利用的时间。

党的十七大以来，党中央高度重视全面建设小康社会，不仅采取重大措施，积极促进经济建设的发展，而且还兼顾社会其他方面，如政治建设、文化建设、社会建设和生态文明建设，重视和谐社会的构建。党的十七届六中全会审议通过的《中共中央关于深化文化体制改革、推动社会主义文化大发展大繁荣若干重大问题的决定》，对我国进一步推进文化建设和社会建设,构建文明、富强、和谐的社会主义进行了总体部署,特别是对推进文化改革做出了全面部署。强调要推进社会主义核心价值体系建设、巩固全党全国各族人民团结奋斗的共同理想道德基础,全面贯彻"二为"方向和"双百"方针,为人民提供更好更多的精神食粮,大力发展公益性文化事业、保障人民基本文化权益,加快发展文化产业、推动文化产业成为国民经济支柱性产业,进一步深化改革开放、加快构建有利于文化繁荣发展的体制机制,建设宏大文化人才队伍、为社会主义文化大发展大繁荣提供有力人才支撑。

党的十八大报告将社会主义文化强国建设作为一个大问题进行了详细论述,指出全面建成小康社会,实现中华民族伟大复兴,必须推动社会主义文化大发展大繁荣,兴起社会主义文化建设新高潮,提高国家文化软实力,发挥文化引领风尚、教育人民、服务社会、推动发展的作用。

2015 年 1 月,中共中央办公厅、国务院办公厅发布《关于加快构建现代公共文化服务体系的意见》,全文从 7 个方面、分 26 个问题全面阐述了我国加快构建现代公共文化服务体系的指导思想、基本原则和主要目标,提出实现公共文化服务均等化、保障特殊群体基本文化权益、提升公共文化设施建设、增强公共文化服务发展动力、加强公共文化产品和服务供给、推动公共文化服务和科技融合发展、创新公共文化管理体制和运行机制、加大公共文化服务保障力度等有效措施[15]。

此意见的发布不仅对实现小康社会,提高我国公共文化服务水平和提高全民族的素质提出了新的要求,而且对我国各级文化行政单位和文化服务机构提出了更加艰巨的任务。诚然,提供公共文化服务,更多地涉及国家图书馆和各级公共图书馆,但高校图书馆和科研图书馆也不例外。随着公共图书馆用户数量的逐渐加大和用户对文献信息需求的要求越来越高,单靠公共图书馆已经没有能力完全满足广大用户的文献信息需求,而传统的馆际互借模式已被打破,不能很好地发挥其应有的作用。

随着人们对社会信息服务需求的日益增多,高校图书馆“必须对社会开放”的呼声越来越高。高校图书馆在传统意义上是信息积聚中心以及学术服务中心,它的根本宗旨是“读者第一,服务至上”。高校图书馆文献信息资源大约占社会总量的60%,高校图书馆是否应该服务于社会大众读者?是否应该接纳社会读者和团体?图书馆界在此问题上的认识逐渐趋于一致:即对他们进行开放,使他们到馆内查阅馆藏信息资料,为他们提供图书馆服务。

近年来,高校图书馆社会化越来越受到国家和社会大众的关注。正如印度图书馆学家阮冈纳赞于1931年发表的《图书馆学五法则》中所阐述的,图书馆与社会的密切关系为“图书馆的目的是为社会利用,图书馆是随着社会的发展而发展,与社会同步前进”。我国教育部2002年2月21日颁发的《普通高等学校图书馆规程》中的第21条规定:“有条件的高等学校图书馆应尽可能向社会读者和社区读者开放。”2015年12月颁布的《普通高等学校图书馆规程》中的第37条规定:“图书馆应在保证校内服务和正常工作秩序的前提下,发挥资源和专业服务的优势,开展面向社会的服务。”2005年7月由60多所大学图书馆馆长共同签署的《图书馆合作与信息资源共享武汉宣言》特别指出,“最大限度地满足校内外读者的信息需求,实现最广泛的信息资源共享,是大学图书馆追求的崇高目标”[16]。高校图书馆在为校内师生服务的同时,面向校外读者开展社会化服务,实现资源共享已经是义不容辞的责任。2007年《国际先驱导报》与新浪网共同合作举办了一项调查,2000多人参加并讨论了高校图书馆是否该向社会开放的问题,经过调查75.99%的人都支持其向社会开放[17]。因此,高校图书馆也应抓住机遇、迎接挑战,积极地面向社会开拓信息服务领域,参与信息服务市场竞争,服务我国经济建设的主战场,为发展我国的知识经济、繁荣信息服务业做出应有的贡献。

然而,与社会需求以及理论研究相比,我国千余所高校图书馆的社会化服务程度还是很低。为了有效解决这理论与实践不对称的现实矛盾,积极探讨阻碍高校图书馆全面推进社会化服务的瓶颈,并建议采取有效的模式提升高校图书馆的社会化服务能力，满足社会信息需求等问题亟待解决[18]。

2. 现实意义

高校图书馆社会化，向社会开放，为社会公众提供文献信息服务，不仅可以满足社会公众对于社会文化生活的需求，满足企事业单位对于专业知识的渴求，从而推动国民经济的发展和社会的文明进步，造福于社会，而且可以大大提高馆藏资源的利用率，充分发挥高校图书馆文献资料的作用，减少社会资源的浪费，节约社会成本。同时，高校图书馆还可以通过这种向社会开放的方式，提供有偿服务，实现经济效益，以缓解经费不足等困扰高校图书馆发展的现实问题。

随着物质生活水平的提高，人们对于精神文化生活的要求也日益提高。当有了一定的物质基础时，人们就要追求精神上的享受，看书读报，了解外面的世界，欣赏艺术作品，遨游知识的海洋。同时，人们为了保有现在的工作，或者为了寻求到更好的工作，必须不断学习，不断更新知识。很多的企业领导人，为了使企业生存和发展壮大，十分重视员工的教育、培训。人才是企业的基础。人才可以从外面引进，但只能是少数，更关键的是提高现有职工队伍的整体素质。实现这种个人的需要或者企业的需要，有很多的途径，其中与高校图书馆的联系与合作是重要的方面之一。

目前，高校图书馆的经费来源主要是财政对于教育的投资拨款，民办学校则主要从收取的学费中安排。而其置换成图书资料后，服务对象就是在校学生和教职员工。这许多的图书资料是教学研究不可或缺的，经费再紧张，也得想办法解决。然而，这些图书资料的现实利用率，实在令人遗憾。因为它面向的服务对象有限，不管图书馆工作人员如何努力，也不管学校的学习风气多么浓厚，它的利用率也高不到哪里去。高校图书馆走向社会，吸纳更多的服务对象，其图书资料的利用率自然而然就会上去，从而减少社会资源的浪费，节约社会成本，从社会总量来说符合效益最大化原则。

一方面有广泛的社会需求，另一方面有现成的社会供给。高校图书馆没有理由不把他们结合在一起，各取所需，实现双赢。高校图书馆的现状是缺乏资金，不能满足在校学生和教职员工更高的图书资料要求，另一方面现有的图书资料利用率太低，造成资源的浪费。这就要求高校图书馆必须转变观念，更新思路，打开校门，向社会开放。社会是高校图书馆的大市场，拥有更为广泛的文献信息用户。通过宣传与沟通，争取社会对高校图书馆的信赖和支持，开展有偿服务，实现各自的目的。努力拓展自己的服务领域，依靠自己的丰富的文献信息资源和人才优势，积极参与社会服务，造福社会，也赢得自我发展。

(1)有利于发挥资源优势

我国高校图书馆的文献收藏不论是资源总量还是学科类别的完善性，都优于科研机构图书馆和公共图书馆。随着国家“科教兴国”战略方针的提出，教育的投资越来越大，高校图书馆存贮的信息资源也日渐丰富。如果高校图书馆开展社会化服务，为社会各领域及时准确地提供所需的情报信息，为社会大众提供多层次的继续教育和成人教育服务，不仅能大幅度地提高高校图书馆丰富信息的利用率，而且对提高图书馆的地位和作用、熟悉社会需求以及适当增加创收等都十分有利。

(2)有利于提高全民素质

近几年来我国公共图书馆在实施“知识工程”、提高全民素质方面起到了重要作用，但公共图书馆数量严重不足、分布不合理，文献资源匮乏，远远不能满足社会读者的需要。高校图书馆比公共图书馆有先天发育成熟的优势，在网络信息时代发挥着关键的作用。因此，高校图书馆应走出校门，面向社会，开展社会化服务，充分利用自己的优势，与其他系统图书馆一起，建立地区文献资源信息共享网，为人类文化的发展服务，满足人们自身教育的需求。

(3)有利于促进经济发展

经济的发展离不开两类资源，即信息资源和人力资源。随着改革开放的深入、市场经济体制接轨，高等学校正以其学科优势、人才优势、智能优势与社会经济生活在高层次、更广泛领域连接，愈来愈频繁地参与经济建设。这就要求高校图书馆根据社会需要，全面开展社会化服务，通过对社会经济建设和科技发展状况的分析，对文献信息资源进行加工、评价、重组，汲取有效的知识信息，形成知识产品，建立知识库。为经济发展提供高质量的文献信息服务，促进了社会经济建设发展[19]。

参考文献

[1] 郑抗生. 社会学概论新修(第三版)[M]. 北京：中国人民大学出版社，2003.

[2][6] 李俏. 农业社会化服务体系研究[D]. 西北农林科技大学，2012.

[3] 杨琼. 中外高校图书馆社会化服务比较研究[J]. 图书馆论坛，2011(4).

[4] 什么叫社会化服务[EB/OL]. [2015 - 11 - 18]. http://zhidao. baidu. com/link? url = CB2oVdNYZi3BT3JDQyzRZnb4iWVz2mlBK4061UIqrt_SQL9Z3HCMlXWu5DEZdE8e8EcgV0FFtQKAKdEA3hawnq.

[5] 公共服务[EB/OL]. [2015 - 11 - 18]. http://baike. baidu. com/link? url = xBJ2WKfzK1pt0tL4skO77IstIcOQGSF-a4fP6U33azXxvakI7qoV72Hk8PUnWJtU6xaieOYmWj8_SvqsrFos8K.

[7] 龚继红. 农业社会化服务体系中组织协同与服务能力研究[D]. 华中农业大学，2011.

[8] 吕世高. 我国中小企业社会化服务体系治理的主体多元化问题研究[D]. 兰州大学，2009.

[9] 张颖. 伊春林业社会化服务体系建设研究[D]. 东北林业大学，2011.

[10] 李宁. 山东省高校体育场馆社会化服务现状调查研究[D]. 首都体育学院，2014.

[11] 燕姣云. 高校图书馆信息社会化服务探讨[J]. 兰台世界，2007(10).

[12][18] 吕亚娟. 高校图书馆社会化服务研究[D]. 湘潭大学，2011.

[13] 刘明玉. 对高校图书馆社会化服务的思考[J]. 山东纺织经济，2011(7).

[14] 张芳. 高校图书馆信息资源的社会化服务[J]. 湖南科技学院学报，2008(9).

[15] 中共中央办公厅、国务院办公厅印发《关于加快构建现代公共文化服务体系的意见》[EB/OL]. [2015 - 11 - 20]. http://news. xinhuanet. com/ttgg/2015-01/14/c_1113996899_3. htm.

[16] 中国大学图书馆馆长论坛. 图书馆合作与信息资源共享武汉宣言[J]. 大学图书馆学报,2005(6).
[17] 七成以上网友认为高校图书馆应该对外开放[EB/OL]. [2015 - 11 - 20]. http://www. zibosky. com/wj/xywh/165908. shtml.
[19] 李国磊,蔡欣. 高校图书馆社会化服务的思考[J]. 中国科技信息,2011(18).

第二章　国内外高校图书馆社会化服务研究综述

一、国外研究综述

早在17世纪,著名的德国图书馆学家诺德就提出:"图书馆不应只为特殊阶层服务,应该向一切愿意来图书馆学习的人开放。"而西方一些国家的高校图书馆,确实凭借其齐全的功能、先进的设备、丰富的资源、及时准确的信息和专业的服务,成为公众学习、研究和生活的有力帮手[1]。

20世纪50年代,美国学者奥森提出:"学校不应是游离于社区的文化孤岛,它应主动与社区架设各种桥梁,致力于解决社区的问题。"[2]

20世纪60年代,美国首先提出了社区信息服务(Community Information Service,简称CIS)这一概念,主要是指当时美国政府在"战胜贫困计划"中图书馆为社会提供的一种服务。此后,英国等西方图书馆界纷纷意识到社区信息服务的重要性,进而开展多种形式的信息服务,并将计算机用于社区信息的存储、传递和检索。英国图书馆协会在20世纪80年代初撰写了一份题为《社区信息服务:图书馆能做什么?》的报告,提出"社区信息服务是帮助个人或团体解决日常问题、参与民主进程的服务"。美国等一些国家的高校图书馆一直在为社区读者敞开大门,同时为社会团体和个人提供多种信息服务[3]。

美国图书馆界认识到了图书馆与社会的互动关系,包括事实上的和价值上的互动关系,因此认为信息服务社会化是双向的。其一,图书馆应该反映社会的需求。这在美国图书馆协会(American Library

Association,简称 ALA)的几个重要的规范性文件中有明确的体现。①在*Codeof Ethics of the American Library Association* 中,有这样一句话:"在一个根植于受过教育的市民的政治制度中,我们作为职业成员(members of a profession)明确地认同知性自由(intellectuai freedom)和获取信息的自由。"这表明美国图书馆协会的伦理规范认同了美国政治制度的理念,反映了美国社会的政治需求。②在 New Vision:Beyond ALA Goal 2000 中,ALA 提出了自己的重要战略,其中第四个是这样表述的:"要确定信息社会的全球化对协会、图书馆和使用图书馆信息的人到底有多大影响。"这表明了美国图书馆业界关注信息社会的要求。其二,图书馆影响、服务于社会。这同样体现在 ALA 的重要文件中,在 *Code of Ethics of the American Library Association* 中有这样的表述:"我们有特殊的义务确保信息和观念在现在和未来的各代人之间自由流动。"其规范原则的第一条规定:"通过恰当而有效组织的资源,根据平等的服务政策,坚持平等获取信息的权利以及对所有的请求给予准确的、无偏见的和谦恭的回答,我们向所有图书馆的使用者提供高层次的服务。"这表明服务社会已经成为美国图书馆业界的自觉义务。

在与社会的互动关系中,美国图书馆所秉承和实践的主要价值理念,在 ALA 的重要文件中,有五个主要的价值理念被反复强调。其中 *New Vision Beyond ALA Goal 2000* 对这五个价值理念做出系统的阐发:"在美国,图书馆是民主最有力的国家象征之一。它们通过保卫三个理念来坚守民主:观念和看法的多样性,清楚地表达各种观点的知性自由和所有人无论其社会和经济地位如何,都有获取信息的平等权。它们通过坚持能读会写和终身学习的价值使这三个理念得以实现。正是这五个价值或理念的具体实践使得图书馆具有'美国价值'。"[4]

Tina Schneider 认为高校图书馆开展社会服务主要出于三种需要,即社会的信息需求、高校以此为职责、为了应对突发情况或危机;在开展服务过程中应注意四大问题,即社区读者与他们利用图书馆的能力、如何界定"社区读者"、社区读者的借阅权限、馆藏保护措施[5]。Nancy Courtney 认为社会化服务对于加强高校图书馆与社会的相互联系是非常必要的，服务项目包括创建在线数字档案、书目指南、促进儿童的信息素养教育、提高民众获得政务信息和健康信息的能力[6]。Rob Withers 认为宣传对于有效吸引社区居民、扩大图书馆知名度来说是很重要的，但是为了防止因此加重财政负担，图书馆的宣传应该严格控制成本。经济危机迫使包括高校在内的机构开始削减财政开支，措施之一就是开展大学预科项目，而图书馆能在其中发挥作用[7]。

有研究者从立法的角度阐述了国外高校图书馆社会化服务的地位及保障。

早在 1925 年美国就制定了《图书馆法》。该法规定：公共图书馆的管理机构是图书馆理事会，理事会成员由议员、作家、银行家、社会名流组成，由市政当局和市长批准任命；理事会负责研究解决图书馆的方针、政策、经费与实施等问题。美国联邦政府只对图书馆事业提供经济资助和政策、法规引导，赋予各州及图书馆相对多的自主权[8]。1965 年制定的《高等教育法》规定，凡美国的大学都有权享受联邦政府的补助[9]。此外，美国还通过了《美国图书馆互借实施规则》《数字千年版权法》等一系列相关图书馆的法律法规，这些成为高校图书馆开展社会化服务的可靠法律依据。

德国在 1871 年成立以前，颁布过《出版物缴本送呈制度》《图书馆互借法令》等法规。第二次世界大战后，德国分裂使得两德的图书馆法律各有不同。民主德国颁布了《儿童图书馆的组成与大众图书馆协作》《公共图书馆情报服务条例》《民主德国图书馆法》等。1969 年联邦德国政府通过了《关于德意志图书馆的法令法》，给予法兰克福的德意志图书馆以国家图书馆法律地位成为联邦实体，2006 年扩充条款并更名为《德国国家图书馆法》，有力保障了图书馆事业的发展[10]。

谢丽娟、郑春厚选择美国 10 所高校图书馆，通过对其网站中的社会服务对其进行调查，基本了解了美国高校图书馆社会化服务的现状。文章认为，美国高校图书馆一般把校外人员分为游客和校友，校友服务是为了满足毕业校友的终身学习的需要，提供一个在线使用资源和服务的平台,是一个无缝的综合服务项目,已发展为特色服务。美国高校图书馆也开展了大量的校际合作项目,包括少年儿童服务项目、国际信息服务项目、综合性服务项目。同时还开展校外学习支持服务和特殊群体服务[11]。

万文娟撰写文章概述了国外高校图书馆社会化服务的基本现状。文章认为,在国外,特别是西方发达国家的高校图书馆,一直以来都十分重视图书馆的社会化职能,这些国家高校图书馆信息服务社会化的工作开展得很成功。在美国,公立大学的图书馆都向公众开放,不需要出示任何证件。有些私立大学不对外开放,但实际操作中并不严格拒绝外人进入。例如,哈佛大学是私立大学,原则上只有老师和学生才能进去,但市民进去也不会被拒绝。耶鲁大学图书馆采取对外开放的做法,任何人都可以自由进出图书馆,且任何进出图书馆的人无须出示任何证件。俄亥俄州立大学图书馆没有围墙,任何人都可以进入图书馆查阅资料,该馆还在门外设立了还书箱,读者 24 小时均可还书。

在英国,公民可以到大学图书馆去阅览,大学的图书馆里大约有 5% 是市民。剑桥大学图书馆采用全部开架的服务方式,无论是大学总馆、大学专业图书馆还是学科系(研究中心、所)和学院图书馆,对校(系、院)外读者都是完全开放的。校外读者不必提供任何证件就可以与校内读者享有除外借图书以外的同等权利,包括免费上网等[12]。

澳大利亚的高校图书馆大多重视校友和社区民众,建有完善的校外用户使用图书馆的相关规定和制度体系。所有的校外读者通过缴纳年费方式获取图书馆的使用权限。对于不同的用户,视其与高校的固有关系而权限不同。通常情况下,校友的使用权限要高于社区用户。除个人用户外,澳大利亚高校图书馆针对社会团体的专业情报服务也较为突出,如开放图书馆资源服务、文献传递、学术报告等,也有图书馆利用自身在资源分析、溯源上的优势,向社会提供发展策略分析、在线咨询、版权服务等延伸服务[13]。

在意大利,大学的各学院及各学科的中心图书馆对全社会开放,凭有效证件,任何读者可以进入图书馆阅览图书和查阅文献。图书馆一般提供借阅、咨询检索、复印服务。大部分的图书馆提供文献传递服务,有的图书馆还提供馆际互借和免费的信息检索和利用的培训课程。

在日本,早在 1990 年向社会开放的大学图书馆就达 97%。日本高校图书馆最大限度地为校外读者利用图书馆提供方便,只要有证明个人身份的证件,就可以办理借书证。

根据日本文部科学省平成十七年度《学术情报基础实态调查结果报告》的有关大学图书馆对校外用户开放状况调查,截至 2005 年总计 701 家国立、公立、私立大学图书馆中共有 685 所大学对外开放,开放实施率达到 97.7%,其中 87 所国立大学和 71 所公立大学图书馆的开放实施率均达到 100%,543 所私立大学图书馆中 527 所对外开放实施率也达到了 97.1%。

根据 2005 年日本文部科学省《学术情报基础实态调查结果报告》中的数据显示:日本大学图书馆的藏书总册数约 2 亿—8 亿册,大学图书馆的校外用户人数高达 148 万人,是 1992 年的 24 万人的 6.2 倍。特别是国立大学的校外用户人数增加显著,从 1992 年到 2004 年 13 年间,从 11 万人上升到 71 万人;公立大学校外用户人数从 1.7 万人上升到 18 万人;私立大学校外用户人数从 11 万人上升到 59 万人。

据文部科学省研究振兴局情报课 2009 年 3 月 27 日的报道,截至 2007 年大学图书馆提供主页服务的国立大学有 87 所占 100%,公立大学 74 所占 97.4%,私立大学 511 所占 87.5%,全部 747 所大学中 672 所大学提供此项服务,占到 90%。

日本大学图书馆建立各种形式多样的图书馆联盟,形成点、线、面的网格化和立体化的全面联盟。邻近的高校图书馆间形成点与点的联盟,不同区域内的高校图书馆形成面与面的联盟[14]。

韩国从 20 世纪 70 年代中期开始研究大学图书馆面向地区社会

开放理论。金南锡认为开放的过程分为三个阶段。第一阶段要开放设施;第二阶段为一般性情报服务或面向企业团体服务,如提供情报资料室、技术人员等;第三阶段为专业层次的情报服务。

尹熙允根据图书馆的开放类型和程度不同进行了不同的分类。高校图书馆管理理论中按照开放方式不同分为间接开放和直接开发。间接开放是指图书馆之间的相互协作,相互可以利用资料;直接开放是指利用者通过访问图书馆来实现。按照开放程度不同又可分为完全开放型、准开放型和不定型。完全开放型是指经过办理简单手续就能实现利用;准开放型是指多数具备一定条件的利用者可以接受一切服务;不定型是指具备图书馆要求的条件,但根据资料的种类及服务类型来决定能否开放[15]。

2005 年 4 月金文花、党跃臣根据《韩国图书馆统计(2003 年版)》上对 4 年制大学的统计,对 232 个大学图书馆的网站进行调查,以打电话的方式其确认是否向地区社会开放。服务对象必须是对地区居民开放,而且必须是对外借书,如果只进行阅览就不在本统计范围之内。在 232 个四年制大学当中(国立或公立 56 个,私立 176 个),对地区社会开放的大学图书馆有 90 个(国立或公立 22 个,私立 68 个),整体开放比率为 38. 8%。56 个国立或公立大学中 22 个大学图书馆对外开放,所占的比重占 39. 3%,私立 176 个中 68 个对外开放,占 38. 6%,国立比私立高 0. 6%,开放比率上没有多少差距[16]。

陈兴凤等对国外高校图书馆开展社会化服务的经费问题进行了比较全面深入的探讨。文章认为,美国高校图书馆有权享受联邦政府的资金补贴,所以美国公立高校图书馆基本上向公众开放。耶鲁大学图书馆是一所对外无条件开放的图书馆,采用全部开架的服务方式。俄亥俄州立大学没有围墙,任何人都可自带书包进馆看书或查阅资料。美国大部分高校图书馆为公众提供综合性的服务,如加州大学伯克利分校图书馆通过商业合作,将科研成果转化为工艺革新,创造了效益。

日本高校图书馆的经费全部由国家税收承担,图书馆所有资源与设施都要向公众免费开放，并承担起为社会公众终身教育服务的义务。社会化服务内容包括图书馆的基本服务项目，还有多种专题讲座、儿童系列活动、馆藏珍品展览，备有视力障碍阅读器和语音图书等。日本高校图书馆也建立了各种图书馆联盟，实现信息资源共建共享，还通过流动图书馆等形式最大限度地服务社区。日本国立和公立大学开放率为100%，私立大学开放率为97.1%，社会民众进入图书馆阅览无需任何手续。

德国的大学图书馆同时承担着公共图书馆的职责，如法兰克福大学图书馆、汉堡大学图书馆、德累斯顿大学图书馆等。外来读者进入高校图书馆只需出示身份证或护照，将信息记录进个人信息诚信互联网体系。德国的大学图书馆对图书馆员的要求比较高，一般要会三种语言，以便更好地为非德语各类读者群服务。

英国、加拿大、俄罗斯、意大利、澳大利亚、芬兰、荷兰等国家的一些高校图书馆也不同程度地实现了图书馆社会化信息服务。英国大学图书馆的读者约有5%是市民。加拿大的大学是没有围墙的，所有高校图书馆都对公众开放。俄罗斯高校图书馆的"家庭阅读"很有特色，有助于推动全民阅读。意大利大学各学院的中心图书馆对全社会开放，凭有效证件，社会读者可以进入图书馆阅览和文献查阅。有的图书馆还提供咨询检索、复印服务、馆际互借和培训课程、免费讲座等[17]。

综观国外高校图书馆信息服务社会化的现状可知，国外高校图书馆的社会化服务已形成了一定的规模，达到了较高的水平。

从已有研究成果的现状来看，国外对于高校图书馆社会化服务的相关研究主要是针对图书馆社会化思想观念、法律基础、社会化对象、社会化的内容展开的。在图书馆社会化思想观念方面，研究者认为，图书馆应该坚持完全公开，向所有愿意学习的人开放。高校图书馆应该凭借其丰富的资源、先进的设备、专业的服务，为公众提供力所能及的帮助[18]。

二、国内研究综述

我国高校图书馆社会化服务研究起步于20世纪90年代初,在2004年之后形成一定规模,2010年达到了一定的高潮。笔者通过读秀数据库,以“知识”为检索途径,以“高校图书馆社会化服务”为检索词,共检索到图书1部、期刊论文461篇、报纸文章2篇、会议论文8篇、学位论文11篇。再通过CNKI系列数据库,选择篇名为检索途径,同样以“高校图书馆社会化服务”为检索词,共找到相关论文623篇,其中期刊论文608篇、学位论文7篇、会议论文7篇、报纸论文1篇。在这些文章中,从2010年开始,每年都在70篇以上,6年间的研究论文达到459篇,体现了近几年的研究高潮。另外,近年来关于高校图书馆社会化服务的项目主要有王宇等人的辽宁省社会科学规划基金项目“高校图书馆社会开放服务研究”,唐晓阳的广州市教育局市属高校科研计划项目“高校图书馆与公共图书馆社会服务合作研究”,王玉林等人的2010年教育部人文社科项目“高校图书馆面向社会开放的制度与法律问题研究”,陈丽萍的北京高校图书馆2010—2011年科研基金项目“中外高校图书馆社会服务比较研究”,樊长军等人的2009年:陕西省社会科学基金项目“高校图书馆面向地方公共服务能力的培育模式研究”等。

综观近些年这一领域的研究成果,研究的内容涉及高校图书馆社会化服务的方方面面。既有前瞻性、深层次的精深理论,也有紧密结合实际的方法和措施,同时还有借鉴性很强的案例。沈阳师范大学图书馆馆长、研究馆员王宇主编并于2014年10月由中国社会科学出版社出版的《高校图书馆社会化服务研究》是迄今为止第一部此领域的研究专著。

《高校图书馆社会化服务研究》全面引介了国外高校图书馆社会化服务的实践经验,系统总结报告了我国高校图书馆社会化服务的进展,辨析了高校图书馆社会化服务与校内服务的关系,探讨了高校图书馆社会化服务的实现路径,指出了高校图书馆社会化服务的困难与障碍,讨论了高校图书馆社会化服务的现实政策问题,列举了具有代表性的典型案例。该书对于进一步研究高校图书馆社会化服务具有一定的理论支持和实践指导价值。

2009 年 6 月 5 日,由北京地区高校图书馆文献资源保障体系(BALIS)培训中心和中国农业大学图书馆联合举办的北京地区“高校图书馆工作社会化高层论坛”,在中国农业大学西区图书馆举行。北京高校图工委副主任、首都师范大学图书馆馆长胡越、中国农业大学图书馆馆长何秀荣教授和北京地区高校图书馆文献保障体系(BALIS)培训中心副主任、北京师范大学图书馆副馆长王琪在开幕式上致辞,中国农业大学图书馆副馆长潘薇主持会议,来自北京 50 余所高校的近 130 名代表参加了此次大会。

论坛会上,专家们分别就图书馆工作社会化的理论探讨和各馆的实践经验做了专题报告。北京高校图工委副主任、首都师范大学图书馆馆长胡越做了题为“高校图书馆工作社会化思考”的报告;清华大学图书馆书记高瑄做了题为“清华大学图书馆勤工助学管理经验介绍”的报告;北京师范大学图书馆副馆长黄燕云做了题为“高校图书馆编目工作社会化思考”的报告;中国青年政治学院图书馆副馆长郑丹娘做了题为“新馆搬迁准备与图书馆工作社会化思考”的报告;北京第二外国语学院图书馆馆长韩荔华做了题为“北京第二外国语学院图书馆服务外包经验介绍”;北京工业大学图书馆副馆长魏育辉做了题为“北京工业大学图书馆服务外包经验介绍”的报告。此外,北京大学图书馆书记高倬贤就高校图书馆界比较关心的岗位聘任工作做了“北京大学图书馆全员岗位聘任与部门干部工作介绍”。这些专题报告都是与会代表高度关注的热点话题。

论坛进行了分组讨论,与会代表就高校图书馆工作社会化、岗位聘任以及图书馆的相关工作进行了广泛、热烈的研讨。通过这次研讨,使各馆在业务建设,人力资源合理配置、提升服务水平和如何进行机构改革等方面的目标更加明确，思路更加清晰[19]。

河南省图书馆学会、河南省高等学校图书情报工作委员会主办，河南省图苑实业有限责任公司协办的“图书馆业务工作社会化服务研讨会”于2013年11月29日在河南省图书馆召开，来自省内外图书馆界的专家、学者及馆长共90余人参加了研讨会。

研讨会由河南大学图书馆馆长李景文主持，河南省图书馆馆长杨扬做专题发言。会上特邀全国图书馆标准化技术委员会副秘书长、中国图书馆学会图书馆与社会合作专业委员会副主任、北京邮电大学出版社代根兴社长；北京图工委秘书长助理、中国人民大学图书馆副馆长刘春鸿教授。会上，代根兴社长分析了图书馆事业发展的理论动向，刘春鸿教授介绍了中国人民大学图书馆业务工作社会化的实践经验，与会的各位馆长对河南省图书馆界如何进一步开展图书馆社会服务进行了互动交流。

通过对研讨会主题的探讨，与会代表一致认为，图书馆业务工作社会化服务是近年来应运而生的一种全新的图书馆管理模式，这种管理模式已被西方图书馆界和我们国内图书馆吸收和采用，其主要优势是图书馆通过将非核心功能工作通过合约外包的形式给社会机构来完成，从而达到降低成本、节约人力资源，提高工作效率，提升竞争优势的目的。目前国内图书馆业务社会化服务的应用主要集中在事务性工作和采编工作方面，但随着大数据时代的到来，专业化、集成化的程度将会越来越高，将会从许多方面对图书馆的发展产生影响。所以，具有专业性的服务运营团队将会在今后图书馆的信息处理、科学运营等方面发挥作用。

此次研讨会的召开，将对河南省图书馆业务工作社会化服务起到积极推动的作用，随着图书馆社会化服务在河南省各系统图书馆的应用，也必将使河南省图书馆事业在精细化、专业化、规范化等方面得到进一步提升，从而推动河南省图书馆事业的大发展、大繁荣[20]。

系统归纳我国高校图书馆的研究成果，其研究内容主要包括高校图书馆社会化服务的概念界定，高校图书馆社会化服务的必要性和可行性,高校图书馆社会化服务的理论及政策依据,高校图书馆社会化服务的模式,高校图书馆社会化服务的障碍因素,高校图书馆社会化服务的措施及实现途径,中外高校图书馆社会化服务比较研究等。

1. 高校图书馆社会化服务的概念界定

在高校图书馆社会化服务的概念界定方面,许多文章都给出了自己的解释。王玉杰认为:高校图书馆服务社会化就是高校图书馆对社会开放,接纳社会读者和团体,允许他们查阅馆藏信息资料,为他们提供服务,满足其对信息的需求[21]。付来旭等指出:高校图书馆社会化服务是伴随着市场经济的冲击,伴随着高校的进一步改革开放,与社会经济建设联系日益紧密的前提下的一种观念上和实践上的开放行为。即走出校门,为社区、社会和经济建设服务[22]。张金婷对高校图书馆社会化服务的概念界定为:高校图书馆提供文献信息服务时,要走出本高校校门,突破传统的仅为本校师生提供服务的固定模式,向本校之外的其他读者开放,在全社会范围内为所有社会公众提供多层次、多方面的信息服务[23]。刘明玉认为:所谓高校图书馆社会化服务,就是高校图书馆读者工作的功能社会化,即要求高校图书馆的读者工作在为本校的教学、科研服务的同时,走出馆门,走出校门,向社会开放,开展多种形式、多种渠道(有偿或无偿)的文献信息服务,以满足社会公众对文献信息的需求为出发点,使其能更好地适应社会各类组织以及个人等对信息的多元化需求[24]。张彩虹认为:所谓社会化服务,就是高校图书馆打破高校围墙,对社会开放,采取有偿和无偿方式接纳社会读者和团体,允许他们查阅馆藏的各种信息资料,为他们提供服务[25]。

从以上这些概念界定来看,研究者大多都是从高校图书馆社会服务的功能出发,从社会发展的趋势和社会需要出发,给出理论上认为的社会化服务概念,还没有从法律许可、服务手段、服务内容和体制机制等方面形成完整的社会化服务概念。

2. 高校图书馆社会化服务的必要性与可行性

认为高校图书馆开展社会化服务非常必要的主要观点有:(1)图书馆服务属于公益性服务,是一种公共产品(Public Good),它是政府向全体社会成员提供平等的、无差别的信息服务,人们不受地位、种族、富裕程度和城乡差别的限制,均可平等享受[26]。(2)众所周知,我国许多地区至今文化落后,除高校以外的公共图书馆事业还很不发达,人均占有图书的数量微乎其微,远远不能适应广大社会读者和高校以外的研究者钻研学问、成就学业、提高科技文化素养的需要。因此,合理开放高校图书馆,加强高校图书馆的社会化服务能力是社会发展的必然趋势[27]。(3)开展社会化服务,对高校图书馆的自身发展也十分有益。第一,能扩大高校的社会影响力。第二,能在较大的范围内获取反馈信息,有针对性地补充图书资料,提高藏书质量,形成藏书特色。第三,能产生一定的经济效益,在一定程度上能弥补事业经费拨款的不足,增加馆员的收入,留住和吸引图书馆急需的人才。第四,能更深入地了解社会需求,为社会技术信息需求部门和学校科研机构牵线搭桥,使学校的科研成果尽快转化为社会生产力[28]。(4)从高校图书馆的本质属性来看,尽管它是学校的文献信息中心,其主要任务是为学校的教学科研和师生员工服务的,但它仍属于公共物品,其馆舍建筑、资源购置、人员工资和业务工作所需的经费大多都是通过国家拨款而来的,而国家拨款大都是通过工业、农业、商业等行业的产值和公民的税收所获取的。所以,高校图书馆没有理由不向社会打开大门,为社会成员提供知识服务[29]。

另外,黄晓梅通过统计国内外公共图书馆发放借书证数量、每册藏书年流通次数、总藏量和平均每人拥有藏书量,说明我国公共图书馆藏书严重不足,需要高校图书馆开展社会化服务[30]。姚华、杨薇薇认为:高校图书馆社会化服务是社会经济建设发展的需要,高校图书馆社会化服务是建立和谐社会提高民族整体素质的需要,高校图书馆社会化服务是人们终身教育的需要[31]。杨稷撰文对高校图书馆社会化服务的必要性给出了新的解释:高校图书馆服务社会化是高等教育改革发展的必然要求,高校图书馆服务社会化是顺应文化体制改革的客观需要,高校图书馆服务社会化是自身科学发展的现实选择[32]。刘清华对高校图书馆社会化服务进行了可行性分析,他认为:政策措施的出台为高校图书馆开展社会化服务指明了方向,社会信息需求的增加催生了高校图书馆社会化服务,资源的优势强化了高校图书馆社会服务的条件[33]。

3. 高校图书馆社会化服务的主要依据

研究者提出的依据主要分为理论依据和法规政策依据。

从理论依据上来看,一些专家认为高校图书馆具有公共产品属性。1987 年,曾伦兴翻译了伊万斯的《图书馆的特征》,文中提到图书馆是非营利性组织(NFP);除了私营图书馆和营利组织中的图书馆外,图书馆完全依靠政府机构征收的税款生存。1994 年,文化部原副部长刘德有明确提出“公益事业不能靠市场调节”“盲目给图书馆‘断奶’的做法是与图书馆改革的目标背道而驰的主张”。尽管政府仍承担着图书馆的创办和运行,但长期投入不足,以至于图书馆界“有偿与无偿”的争论经久不衰。从 CNKI 收录的论文看,较早研究图书馆公共产品或公共物品属性的作者多有经济学背景[34]。高校图书馆的消费特征没有纯粹公共产品同时具备的非排他性、非竞争性特征,也没有私人产品同时具备的排他性和竞争性的特点。它是在一定的消费规模内具有排他性与非竞争性特点,所以高校图书馆是一种介于纯粹公共产品与私人产品之间的准公共产品[35]。

蒋永福在专著《图书馆学通论》(黑龙江大学出版社,2009 年)中提出图书馆平等服务应坚持的两个基本原则。一是无身份歧视原则。图书馆提供平等服务的核心要求是平等对待所有的利用者,给所有利用者以普遍均等地利用图书馆的机会权利。平等意味着无歧视。图书馆服务中无论如何也不能出现歧视性对待任何一个利用者的现象。如果说,“法律面前人人平等”是法律的真谛所在,那么,“图书馆面前人人平等”应该是图书馆的天职所在。二是关爱弱势群体原则。图书馆能否真正提供平等服务,关键在于能否平等对待弱势群体利用者,能否给弱势群体利用者以人道主义关怀。不能给弱势群体利用者以平等对待和人道主义关怀,图书馆平等服务便是不彻底的,甚至是虚伪的。

如果说,平等服务理念、知识自由理念,主要体现于图书馆活动内部,那么,信息公平理念则可以说是指涉及全社会领域的一种理念。实现社会公平,是任何一种社会形态都追求的理想。在信息社会,人类自然要追求信息公平。从整个社会结构看,图书馆属于信息行业,因此,图书馆不可推卸地要承担维护信息公平的社会责任,高校图书馆也不例外。

从政治哲学的角度说,信息公平的实质是信息权力与信息权利的某种平衡状态,即信息权力不限制、不剥夺信息权利的状态。信息权力极端地限制或剥夺信息权利的状态,叫作信息霸权。信息霸权是信息民主的对立面。

从资源配置的角度说,信息公平的实质是信息垄断与信息共享之间的某种平衡状态。信息垄断与信息共享之间的矛盾,总而言之是信息权利是否平等的问题。在此意义上,信息公平的实质是信息权利的平等。

从人的生存状态角度说,信息公平的实质是信息强者与信息弱者之间、信息富者与信息穷者之间的和谐相处,也就是信息分化的不严重或信息歧视的不存在。信息分化的不严重或信息歧视的不存在,也就是信息和谐的社会。

为了维护信息公平,图书馆信息霸权,反对信息垄断,反对信息歧视;而提倡信息民主,提倡信息共享,提倡信息和谐。

阮冈纳赞在阐述图书馆学第二定律“书是为了用的”时指出,图书馆“一视同仁地向每个人提供图书,将严格而认真地坚持看书、学习和享受机会平等的原则。不把一切人——穷人和富人、男人和女人、陆地上的人与海员、年轻人和老年人、聋人和哑人、有文化的人和文盲集中起来,不把地球上的每个角落的人引进知识的天堂……第二定律就不会停止前进”。

从法规和政策依据来看,都直接或间接地要求高校图书馆开展社会化服务。其一,我国宪法第一章第22条指出:国家发展为人民服务的文化事业、新闻广播电视事业、出版发行事业、图书馆、博物馆、文化馆和其他文化事业,开展群众性的文化活动。开展高校图书馆社会化服务,是宪法赋予高校图书馆神圣的权利和不可推诿的义务[36]。其二,教育部《普通高等学校图书馆规程(修订)》指出:有条件的高等学校图书馆应尽可能向社会读者和社区读者开放。面向社会的文献信息和技术咨询服务,可根据材料和劳动的消耗或服务成果的实际效益收取适当费用[37]。其三,联合国教科文组织1999年11月通过的《学校图书馆宣言》中规定“学校图书馆必须向学校辖区所有成员提供平等的服务,而不论他们年龄、种族、性别、宗教、国别、语言、专业和社会地位的差异。必须向那些不能获得图书馆正常服务和咨询的用户提供特殊服务”[38]。其四,2005年7月8日,在武汉大学举办的“数字时代图书馆合作与服务创新”国际研讨会上,“中国大学图书馆馆长论坛”的50余所高等院校图书馆的馆长签署了《图书馆合作与信息资源共享武汉宣言》,高校图书馆的资源应在满足本校读者需求的前提下,努力向社会开放。

4. 高校图书馆社会化服务的主要模式

考察近年来高校图书馆社会化服务的模式研究成果,可谓是形式多样,效果各异。有从单个图书馆的角度提出服务模式的,也有从某个区域或某些行业出发设计服务模式的;有从服务的难易程度划分服务模式的,也有从信息资源类型的不同划分服务模式的。

石德万在《高校图书馆社会化服务模式的研究》中把高校图书馆社会化服务的模式分为6种,即向社会读者提供借阅服务,提供文献检索和情报咨询服务,校地合作,开展读者培训,参与文献资源的协同共建共享,主动参与企业的产品开发和技术更新采用校地共建模式,参与基层图书馆的建设。张云认为高校图书馆社会化服务模式主要包括向社会提供图书馆的电子文献资源,有选择地办理校外读者借阅证,查新咨询服务,加强文献资源建设,建设特色信息资源数据库,通过馆际互借、文献传递实现馆藏资源共享等[39]。杨焕敏则从体制设置方面把高校图书馆社会化服务模式分为"一馆一制"模式、"一馆两制"模式和协作共建和联合向社会开放3种。

5. 高校图书馆社会化服务的障碍因素

在高校图书馆社会化服务这一研究领域,赞成和反对,或者是积极鼓励和担心迟疑的观点一直在交替进行着,理论上的要求开放和实际运行中的诸多影响因素形成鲜明矛盾。一些研究者在肯定高校图书馆向社会开放的同时,也积极地探讨了其中的不利因素。

李桂兰在《高校图书馆社会化服务若干问题探讨》一文中,将影响高校图书馆社会化服务的因素归纳为:理论研究有余,社会化服务实践乏力;过分强调高校图书馆的优势,忽视或很少触及存在的问题;职能定位限制了高校图书馆的社会化服务;宣传缺乏使高校图书馆资源和服务长期不为社会所知;缺乏科学而有效的文献信息资源开发利用措施与途径;条块分割、自成体系是影响高校图书馆服务社会化进程的重要原因[40]。张金婷认为,一方面,国家倡导高校图书馆要实现社会化服务,同时也有不少业界人士提出了图书馆实现社会化服务的对策建议,却很少有高校来响应图书馆社会化服务这一利国利民的"号召"[41]。李英,朱慧指出,关于高校图书馆如何为社会读者服务的问题,有关管理部门至今尚未出台具体的政策,没有权威的政策指导,高校图书馆可能会因为存在顾虑和不便操作而暂缓实施社会化服务[42]。帕提曼则在文中将高校图书馆社会化服务的障碍因素总结为六个方面,即观念障碍、定位障碍、管理制度障碍、文献资源障碍、人力资源障碍和知识产权障碍。其中定位障碍和知识产权障碍其他研究者论述得较少[43]。赵怀忠从利与弊的关系阐述了高校图书馆社会化服务所带来的消极负面影响。主要表现在:随着学生读者维权意识的增强,如果开展社会服务,无疑削弱了学生读者服务的力度,使学生读者感到享受图书馆服务的标准降低,从而引发学生读者的不愉快情绪。近年来,高校普遍扩招,在校学生人数剧增,馆藏文献资源尚显不足,为本校师生服务尚有困难。如果高校图书馆开展社会服务会带来许多问题,如管理难度增大、人员缺少、资金短缺、文献不足、扰乱教学秩序、安全隐患、珍贵文献保护等问题。关于高校图书馆开展社会服务这个问题,其有关管理机构至今还没有具体的政策出台。高校图书馆的馆藏是一定的,所收藏学科的文献信息结构是与高校自身的专业结构、学科特色相适应的,它不可能包罗万象。如果向社会服务,就会出现其空间、资源、人员等问题,造成高校图书馆机构职能定位的缺失[44]。而王宇在书中将困难与障碍归结为三个方面:政策法规不健全,传统思想观念的束缚,资金设备的短缺[45]。

6. 高校图书馆社会化服务的基本措施

在高校图书馆社会化服务的措施方面,可谓是仁者见仁,智者见智。杨焕敏认为,应从五个方面加强高校图书馆社会化服务工作。(1)完善法律制度,改革内部管理机制。(2)加强图书馆内部管理,提高服务质量。(3)创新图书馆的服务营销方式。(4)寻求地方相关部门支持,扩大区域性影响。(5)打破隶属行政关系的禁锢,实施城市图书馆集群化发展策略[46]。吴建平提出,图书馆应根据用户明显的不同特征,把整个社会化服务市场进行细分,了解市场的构成,从而有针对性地开展定向服务[47]。李应中提出,高校图书馆更应遵循市场经济规律,在本馆网站主页上设立一个为本地区政府和企业提供各类信息的栏目,为企业提供竞争情报。积极开展代查、代译、代检、代借资料的工作,为地方提供形式多样、有质有量的文献综述、书目文献、市场调研分析等信息产品[48]。李霞认为,应通过图书馆网站实现服务社会化,开展专题信息服务,提供专利信息服务,提供个性化信息检索服务,开展用户教育[49]。李万梅提出的措施有强化服务意识,更新服务理念;开发利用特色文献,提供特色信息服务;

积极参与市场,为大中型企业提供实用信息;深化参考咨询,开展网上咨询服务;跟踪重点课题,深化定题服务;开展科技文献检索与查新,为科技人员提供文献依据;利用网络资源,开展传递服务;加强自我宣传,提高图书馆的知名度[50]。

7. 中外高校图书馆社会化服务比较研究

近年来,在高校图书馆社会化服务方面,比较突出的研究特点,就是积极探索国外高校图书馆社会化服务的现状,根据我国国情充分借鉴其先进经验,及时引进先进的服务理念,从而提出改进我国高校图书馆社会化服务工作的思路。这其中代表性的论著有万文娟的《中外高校图书馆社会化服务及对我国图书馆的启示》、谢丽娟等的《中美高校图书馆社会服务比较研究》、周亢美的《英国大学图书馆向社会开放的新发展》、陈枝清的《日本大学图书馆面向社会开放及对我国的启示》、何美琴的《鉴赏德国高校图书馆信息资源服务社会化——谈我校图书馆信息服务社会化》、付莉萍的《中韩高校图书馆社会化比较与分析》等。

谢丽娟等通过对中美各 10 所高校图书馆的社会服务对象、社会合作项目及学习支持服务三方面的详细比较,认为美国高校图书馆的社会服务较为成熟。提出我国高校图书馆的社会服务可以借鉴美国高校的发展经验,从公众服务项目、资源共享社会化与国际化、社会特殊群体服务、学习支持服务系统 4 个方面加以改进[51]。万文娟撰文首先探讨了我国和国外高校图书馆信息服务社会化的现状,然后从思想观念、法律依据、服务程度、服务方式四个方面对中外高校图书馆信息服务社会化进行多维角度的比较分析,最后探讨国外高校图书馆信息服务社会化对我国的借鉴意义,得出四个方面的有益启示[52]。娄冰认为,美国高校图书馆社会化服务具有明确的社会责任、多元化与细分的用户、无处不在的合作机制、多样的特色服务等特征,并有健全的立法保障、常态化的服务评估、有偿与无偿服务的平衡、服务宣传推广等经验。鉴于此,我国高校图书馆可以从寻求立法支撑、健全规章制度、开展社会合作、拓宽服务对象、建立经济补偿机制方面来完善社会化服务体系[53]。孙颉、叶勤认为,日本大学图书馆的社会化服务强调为社会服务的图书馆服务理念,大力发展数字化图书馆,构建信息共享平台,注重收集特色馆藏,开展形式多样的社会化活动,真正体现大学图书馆文献信息中心的价值。并对我国高校图书馆社会化服务提出 5 点启示[54]。

三、对已有研究成果的评述

纵观国内外高校图书馆社会化服务的研究现状及研究成果,突出的特点是关注人群越来越多,研究成果节节攀升,研究领域越来越广,研究方法越来越多。

特点一:国外研究逐渐深入,国内研究相对常规化。由于国外在这一方面有比较完善的法规体系和政策制度,开展社会化服务的时间比较早,范围比较广泛,所以研究的方法比较多样化,涉及领域比较精深,甚至已向模型化、计量化、实证研究方向发展。而国内由于法律体系和政策制度还不太完善,大多只是行业或地方条例,政策制度不是太刚性。国内高校虽有不少图书馆开展社会化服务,但都是有选择的,比较简单、常规。所以研究成果相对常规化。

特点二:理论层面探讨的多,实践措施落实的少。在已有的研究成果中,或是通过介绍国外先进经验而得出一定的启示,或是寻求政策法规方面的支持来强调高校图书馆对外开放的必要性。表现出一定的理论合理性和学者对此问题的关注程度。虽然也有介绍区域性和单个馆开展社会化服务的模式或案例,但只是泛泛介绍,可取的经验和措施少之又少。

特点三:提出问题的多,解决问题的办法比较少。高校图书馆应不应该向社会开放,什么时候开放,一直是图书馆界长期争论的焦点。不管是持赞成意见的还是持意见的,都会提出高校图书馆对外开放后面临的诸多问题。如社会开放与校内服务的矛盾,校内读者与校内读者的关系,有偿服务与无偿服务的关系,信息资源共享与产权保护的关系,社会效益与经济效益的关系等[55]。但如何寻求刚性的政策保障,如何建立科学的服务制度,如何兼顾校内读者和校外读者利益,如何建立既满足本校师生由满足校外读者的信息资源体系,如何向校外读者提供丰富多彩的信息服务等方面,至今为止,还没有比较满意的研究成果。

特点四:研究方法凸现多样化。在近年来高校图书馆社会化服务的研究中,既有传统的归纳和演绎方法,也有中外实践比较的比较方法,如万文娟的《中外高校图书馆信息服务社会化比较研究》、谢丽娟的《中美高校图书馆社会服务比较研究》,还有某一新方法、新理念在该领域的应用研究,如陈媛媛的《项目管理在高校图书馆社会化服务中的应用》、刘璞的《基于公共产品理论的高校图书馆社会化信息服务模式研究》,更有基于某一高校图书馆或某一地区、某一类型高校图书馆社会化服务的现状调研及模式和联盟建设研究,如陈媛媛的《基于985 高校图书馆门户网站调研的社会化服务研究》、胡迎卫的《粤东地区高校图书馆信息资源社会化服务模式比较研究》。整体来看,呈现出研究方法多样化的态势。

参考文献

[1] 杨焕敏.我国高校图书馆社会化服务研究述评[J].农业图书情报学刊,2010(1).

[2] 沈宗灵.法理学[M].北京:北京大学出版社,2003.

[3] 李梅军.高校图书馆面向社会服务研究[J].图书馆工作与研究,2008(5).

[4][9] 陈继兰.美国图书馆信息服务社会化模式及其启示[J].图书情报工作,2010(1).

[5] SCHNEIDER I. Outreach: Why, How and Who? Academic Libraries and Their Involvement in the Community[J].The Reference Librarian,2003(82).

[6] COURTNEY A. Academic Library Outreach: Beyond the Campus Walls[M]. Westport,Conn.:Li-braries Unlimited,2009.

[7] Rob Withers. Getting the Word Out[J]. College & Undergraduate libraries,2005(1/2).
[8] 刘淑娟. 美国大学图书馆管理规制及启示[J]. 科技管理研究,2009(6).
[10] 王建. 国外图书馆立法概况及述评[J]. 情报理论与实践,2011(4).
[11][52] 谢丽娟,郑春厚. 美国高校图书馆社会服务发展现状及启示[J]. 中国图书馆学报,2009(2).
[12][51] 万文娟. 中外高校图书馆信息服务社会化比较研究[J]. 图书馆学研究,2009(2).
[13] 杨文建. 高校图书馆社会化服务的现实问题与对策[J]. 图书馆理论与实践,2015(4).
[14] 孙颉,叶勤. 日本大学图书馆社会化服务及启示[J]. 图书馆,2010(3).
[15][16] 金文花,党跃臣. 韩国高校图书馆在社会化服务中的地位与作用解析[J]. 图书馆学研究,2010(6).
[17] 陈兴凤,等. 中外高校图书馆社会化服务的比较与借鉴[J]. 常州信息职业技术学院学报,2014(3).
[18] 吕亚娟. 高校图书馆社会化服务研究[D]. 湘潭大学,2011.
[19] BALIS 培训中心[EB/OL]. [2015 - 11 - 25]. http://bjgxtgw. ruc. edu. cn/xwkd/20090612shhlt. doc.
[20] 严真,靳爱红. 图书馆业务工作社会化服务研讨会在郑州召开[J]. 河南图书馆学刊,2013(12).
[21] 王玉杰. 高校图书馆服务社会化的理论探讨[J]. 辽宁行政学院学报,2008(5).
[22] 付来旭,等. 高校图书馆社会化服务功能定位[J]. 山东图书馆季刊,1996(2).
[23][40] 张金婷. 高校图书馆社会化服务问题之理性思考[C]//第十届中国科协年会文化强省战略与科技支撑论坛文集. 河南省科学技术协会,2008.
[24] 刘明玉. 对高校图书馆社会化服务的思考[J]. 山东纺织经济,2011(7).
[25] 张彩虹. 关于高校图书馆社会化服务的理论思考[J]. 湖北大学学报(哲学社会科学版),2004(4).
[26] 路茂林. 创建高校图书馆开放服务新思想[J]. 农业图书情报学刊,2009(3).
[27] 朱静. 高校图书馆社会化服务浅析[J]. 科技情报开发与经济,2008(25).

[28] 朱蕊.高校图书馆社会化服务新论[J].科技情报开发与经济,2008(3).
[29] 赵国忠.高校图书馆面向社会提供知识服务探析[J].情报资料工作,2008(3).
[30] 黄晓梅.浅谈高校图书馆的社会化服务[J].重庆文理学院学报(自然科学版),2006(1).
[31] 姚华,杨微微.略谈高校图书馆的社会化服务[J].现代情报,2006(12).
[32] 杨稷.高校图书馆服务社会化新论[J].高校图书馆工作,2011(5).
[33] 刘清华.高校图书馆社会化服务可行性分析及实现路径[J].江西图书馆学刊,2012(5).
[34] 谷秀洁,张广钦.公共产品理论视角下的民营图书馆[J].图书情报工作,2007(1).
[35] 罗剑丽,吴昌南.高校图书馆公共产品属性分析[J].青海师专学报(教育科学),2004(3).
[36] 千学技,金红敏.高校图书馆社会化服务法律地位探讨[J].情报资料工作,2004 年年刊.
[37] 赵国忠.高校图书馆社会化服务的平衡机制研究[J].情报探索,2009(12).
[38] 孙淑宁等.学校图书馆宣言[J].图书馆论坛,2001(4).
[39] 张云.高校图书馆社会化服务模式研究[J].科技情报开发与经济,2008(30).
[41] 李桂兰.高校图书馆服务社会化若干问题探讨[J].图书馆工作与研究,2006(4).
[42] 李英,朱慧.论高校图书馆社会化服务的可行性和障碍性[J].河南图书馆学刊,2008(1).
[43] 帕提曼.高校图书馆向社会开放的障碍举要[J].图书与情报,2007(6).
[44] 赵怀忠.从利与弊的关系看高校图书馆社会服务[J].渭南师范学院学报,2011(6).
[45][55] 王宇.高校图书馆社会化服务研究[M].北京:中国社会科学出版社,2014.
[46] 杨焕敏.我国高校图书馆社会化服务研究述评[J].农业图书情报学刊,2010(1).
[47] 吴建平.高校图书馆社会化服务的营销策略[J].情报探索,2008(11).
[48] 李应中.高校图书馆社会化服务研究[J].图书与情报,2010(6).

[49] 李霞. 高校图书馆社会化服务问题研究[J]. 内蒙古科技与经济,2010(5).
[50] 李万梅. 略论高校图书馆社会化服务的策略[M]//陈自仁. 数字化环境下的高校图书馆建设. 兰州:甘肃人民出版社,2010.
[53] 娄冰. 美国高校图书馆社会化服务述评[J]. 图书馆建设,2014(7).
[54] 孙颉,叶勤. 日本大学图书馆社会化服务及启示[J]. 图书馆,2010(3).

第三章　高校图书馆社会化服务的历史渊源

高校图书馆社会化服务并不是与来具有的,是在高校教育理念不断改变、教育实践不断发展的基础上,以及图书馆服务功能不断改进和服务手段不断提高的前提下,是在全社会信息需求和知识需求日益迫切的形势下不断发展而来的。

一、国外高校图书馆社会化服务的历史

1. 早期的大学图书馆发展及社会化服务[1]

国外图书馆社会化服务是随着大学及大学图书馆的出现和不断发展而逐渐发展的。

国外大学图书馆出现的比较早。据文献记载,在狄奥多西二世(Flavius Claudius Julianus,332—363,在位是 361—363 年)统治时期(406—450 年),君士坦丁堡的哲学学院图书馆建立起来了。这所学校在此后数世纪一直存在,尤其在查士丁古一世(Zenon 或 Zeno,426—491,在位是 474—491 年)统治时期大为兴盛。大约在公元 850 年,君士坦丁堡大学建成,不久成为近东最有影响的学府,这所大学的图书馆也逐渐发展,对 9 至 11 世纪的拜占庭文化的发展起了相当大的作用。

到了中世纪,国外的大学数量逐渐增多。这一时期的大学大多数是教会开办的,主要是培养神职人员和国家公务人员。

起初,有名的大学是意大利北部的波伦亚大学。还有一所是由神学院发展起来的巴黎大学。巴黎大学对英国、德国的大学的兴起产生了很大影响。英国的牛津大学、剑桥大学相继成立,德国也成立了查

理学院、海德堡大学等。到了16世纪初，从西班牙到斯堪的纳维亚，从英国到波兰，已经有了70多所大学。早期的大学没有设立图书馆。教授当然是有自己的藏书的，学生不是向老师借书，就是向书商买书，这些书商要从大学当局领到执照并受到大学的严格管理。随着大学规模的扩大，统一院系的学生组织起来，共同享用一批书籍。有时大家出钱买些书，有时还得到毕业生或大学教育赞助人的赠书，如此，逐渐地各院系开始掌管若干教学用书。大学图书馆就是这样建立起来的。

早期的大学图书馆的藏书来源，不像修道院图书馆那样依靠抄写，而大部分是来自捐赠。在一些大学，有时也募捐一些购书资金。然而，早期的大学图书馆规模都不大，直到15世纪末和16世纪初印刷书籍大量出现，大学图书馆的藏书才开始增长。

一般来说，早期的大学图书馆是从修道院图书馆派生出来的，因此在许多方面两者有相似之处。但有一点是有原则区别的，即修道院图书馆的重点在于保存图书，而大学图书馆则侧重于利用图书。大学图书馆是为培养和造就数以千计的学生服务的。这些学生毕业之后并不是隐退在修道院、毕业研究神学，而是走向广阔的世界，以他们所学的法律、哲学、医学等专门知识，再去教育别人。

美国在殖民地时期已经建立了若干大学，如哈佛大学、耶鲁大学等。进入19世纪以后，又新建了许多大学，如哥伦比亚大学、宾夕法尼亚大学、普林斯顿大学等。但是，建校初期大学图书馆一般来说是很不像样的。馆藏比较贫乏，也没有专职的图书管理员。大约从19世纪下半叶起，美国的大学图书馆开始走向近代化。

英国古老的大学图书馆经过几百年的经营，发展成为几百万册藏书的大图书馆。牛津大学、剑桥大学所属的学院，历史悠久，大多从15世纪起开始设立图书馆。他们的藏书不少来自捐赠，其中包括许多珍贵的抄本和摇篮刊本。19世纪下半叶新建的大学大半都建立起比较现代化的图书馆，如达勒姆大学、曼彻斯特的维多利亚大学、利物浦大学等。它们的多数都参加国家中央图书馆的馆际互借。

19 世纪后半叶,德国大学图书馆的藏书量大幅度增长,除了大学总馆外,各院系、各科系的图书馆也有所增加。德国大学图书馆的藏书质量十分优良,图书馆的馆长大多又是图书馆界的泰山北斗,许多图书馆学的新观点、新做法常常发轫于德国的大学图书馆。

德国的大学图书馆也向校外的学者和研究人员开放,后来逐渐同大学所在地的州图书馆或市图书馆合并,即一馆兼作两用,既为大学的师生服务,又为州民、市民服务。

荷兰的阿姆斯特丹大学图书馆原先是 1578 年建立的市图书馆。1632 年,该市成立高等学校后,市图书馆变为学校图书馆。从此,该馆一直担负双重任务,既为大学教学服务,又向市民开放。19 世纪时,罗马尼亚的大部分学校图书馆同时起着公共图书馆的作用,向社会居民开放。

2. 近现代高校图书馆社会化服务发展

19 世纪后期到 20 世纪中后期,国外高校图书馆社会化服务进入实质性的实施阶段,服务范围逐渐扩展,服务内容逐渐增多,服务手段逐渐深化、改进,服务效果越来越好。

我们先从运用最多的馆际互借这种方式说起。

馆际互借是图书馆协调合作的及其重要的一环,也是高校图书馆社会化服务的有效表现形式。图书馆之间的馆际互借的史实可以追溯到古代。不过,那是非常个别的、偶然发生的。中世纪在修道院之间也不是没有馆际互借的。当时借书的目的是为了抄写,或是为了阅读。到了近代,随着科研工作的进展和图书出版量的激增,馆际互借越来越具有巨大意义。馆际互借从不固定的形式逐步发展为有组织的、有明文规定的制度,从国内的互借发展成为国际的互借,而互借手段也逐渐现代化,从出借原书发展到出借原书的复制件,甚至利用电子计算机进行外借工作。

德国的科学研究图书馆在馆际互借方面有悠久的历史,据文献记载,早在 1853 年,普鲁士皇家图书馆就为不同类型的图书馆之间的合作采取过措施。到了1893年,正式制定了该馆同普鲁士各大学图书馆的馆际互借规则。英国的馆际互借中心的国家中央图书馆,它仿照德国,逐渐扩大互借范围。美国的馆际互借继德国、英国之后也发展起来。最早的馆际互借规则是1917年由美国图书馆协会制定的。美国的互借工作开展得比较广泛,仅在高等院校之间,估计每年就办理百万次以上的借书手续[2]。

在北欧各国和荷兰、瑞士等国,馆际互借工作素有成效。居民均可通过馆际互借从各种类型图书馆借用图书。在苏联,所有图书馆都毫无例外地必须参加全国性的馆际互借组织,以达到读者可从任何图书馆借到任何一本书的目的。

进入20世纪,随着社会读者文献信息需求的日益攀升和现代化服务手段的普遍运用,国外高校图书馆社会化服务进入到一个全新的阶段。突出特点表现为服务项目更加多样化,服务手段更加现代化,服务内容更加精深化。其中有代表性的是美国、英国、德国、加拿大和日本。

美国高校图书馆有权享受联邦政府的资金补贴,所以美国公立高校图书馆基本上向公众开放。耶鲁大学图书馆是一所对外无条件开放的图书馆,采用全部开架的服务方式。俄亥俄州立大学没有围墙,任何人都可自带书包进馆看书或查阅资料。美国大部分高校图书馆为公众提供综合性的服务,如加州大学伯克利分校图书馆通过商业合作,将科研成果转化为工艺革新,创造了效益[3]。

英国剑桥大学图书馆采用全部开架的服务方式,无论是大学总馆、大学专业图书馆还是学科系(研究中心、所)和学院图书馆,对校(系、院)外读者都是完全开放的,校外读者不必提供任何证件就可以与校内读者享有除外借图书以外的同等权利,包括免费上网等,甚至经常有学龄前儿童在家长陪同下来到剑桥大学图书馆阅览[4]。

德国的大学图书馆同时承担着公共图书馆的职责,如法兰克福大学图书馆、汉堡大学图书馆、德累斯顿大学图书馆等。外来读者进入高校图书馆只需出示身份证或护照,将信息记录进个人信息诚信互联网体系。对图书馆员的要求比较高，一般要会三种语言，以便更好地为非德语各类读者群服务[5]。据有关文章报道，目前，德国的法兰克福大学图书馆，校内服务量仅有60%，而社会服务量却高达40%[6]。在日本，早在1990年向社会开放的大学图书馆就达97%。日本高校图书馆给校外读者提供最大限度的方便，只要有证明个人身份的证件，就可以办理借书证。加拿大、澳大利亚、芬兰、荷兰等国的一些高校图书馆也不同程度地实现了信息服务的社会化[7]。

二、国内高校图书馆社会化服务的历史

1. 我国近代高校图书馆的发展历程及服务方式的转型

我国古代虽有图书馆形式的机构，但没有称作为图书馆。中国作为人类文明发源地之一，文献收藏与管理的历史由来已久，早在夏商时期甚至夏之前就已经存在专门的文献管理官员。西周时期，周天子及各诸侯国普设史官专门掌握典籍，此乃史上所说的“官守其书”。周文俊等认为：“先前文献记载有策府、天府、盟府以及室、周室、藏室等称呼。可能是分别收藏文献的处所……战国以前的这种藏书室就是中国图书馆的起源。”[8]此后，历代封建王朝建立阁、台、观、宫、殿、馆、院等官府藏书机构，还有以岳麓、应天、石鼓、白鹿洞等为代表的书院藏书机构以及私人藏书机构与寺观藏书机构。我国古代图书馆事业非常发达，形成官府、私人、书院与寺观四大类型的图书馆[9]。

近现代中国社会转型肩负着由农业社会向工业社会和知识社会转换的双重任务，图书馆在社会发展、文化传承、国民教育、经济增长与政治民主中发挥着至关重要的作用。

国门洞开之后，西方传教士在华活动日益频繁，他们创办的教堂或教会学堂从沿海地区向内地迅速扩展，这些教堂或教会学堂通常附设简单的图书收藏室。1847年，法国耶稣会传教士在徐家汇创办“徐家汇藏书楼”，这是上海最早出现的具有近代图书馆性质的新型藏书

楼。1871年,美国圣公会在武昌创办"文华学院",这是我国内地第一所新式学校。传教士不仅创办上海徐天汇天主堂藏书楼等藏书机构,而且创办了"圣约翰大学"等附设图书收藏室的教会学校。有学者指出:20世纪20、30年代是中国教会大学图书馆的繁荣时期,16所教会大学图书馆都得到很大的发展,影响较大的有创办最早的圣约翰大学图书馆、实力最雄厚的燕京大学图书馆、影响力最大的文华公书林及享誉东南沿海的福建协和大学图书馆等[10]。

19世纪末以来,清政府逐步允许各级政府和社会力量兴办学堂,从而开创近代学校图书馆发展的新时代。1879年,外国教会在上海创办圣约翰大学,这是完全按照西方大学模式设立的第一所近现代意义上的大学。1895年,我国近代史上第一所官办大学天津北洋西学学堂宣告成立。1898年,几经筹备的京师大学堂终于落成,这标志着近代中国高等教育翻开崭新一页。高等教育的蓬勃发展,促使大学藏书楼/图书馆迅速兴起,北京大学藏书楼(1895)、唐山铁道学院图书馆(1896)、南洋公学藏书楼(1896)、山东大学堂图书馆(1901)以及京师大学堂藏书楼(1902)的创办,就是新式学校图书馆逐步兴起的标志。清末创办北洋大学堂(1895年)、京师大学堂(1898年)和山东大学堂(1901年)等第一批官办大学,民国建立西北大学(1912年)、兰州大学(1912年)、武汉大学(1913年)、云南大学(1922年)和东北大学(1923年)等一系列国立大学及其他省立大学与市立大学。清末民初兴办的南洋公学(1896年)、复旦大学(1905年)、中国公学(1905年)、武昌中华大学(1912年)、民国大学(1912年)、大同大学(1912年)、朝阳大学(1912年)和南开大学(1919年)等,则是我国第一批私办大学[11]。随着这些高等学校的成立,其相应的大学图书馆也纷纷问世。教会大学、官办大学和私立大学的图书馆,以及中等学校、初等学校的图书馆,共同组成我国的学校图书馆体系。

19世纪末到20世纪初期的高校图书馆,由于大多处于初建和完善期,其服务的对象主要是本校的师生,服务的内容包括文献借阅、宣传导读、编印专题资料和参考咨询等。涉及社会化服务，主要形式还是馆际互借，其他方式比较少见。

王植先生曾撰文总结了中国近代高校图书馆的历史作用。文章认为，中国近代高校图书馆事业的历史作用主要包括四个方面，即在革命进程中所起的作用，在教育事业发展过程中所起的作用，收藏珍籍，保存了大量文化遗产，起领头作用，推动图书馆事业发展。其中，在为教育教学服务中特别提到，高校图书馆应向社会开放的主张在近代图书馆界时有提倡，特别是到了20、30年代，呼吁者甚多。他们认为高校图书馆公开可使社会教育与学校合作，以学校图书馆补充社会民众教育设施的不足，于社会、学校和学生都有利，并提出了公开的具体对象和方法。

当时确有一些高校图书馆实行了对社会开放，如江苏省立教育学院图书馆开办了馆外扩充事业，“以谋书籍到民间去，达教育大众之目的”。并制定了具体目标，主要有：(1)使学校图书馆与公共图书馆打成一片，(2)使学校教育与民众教育切实合作，(3)使教育工具——图书馆尽量活用。这一馆外扩充事业的内容包括开办民众图书馆、巡回文库、民众阅报处，以及做时事报告等。福州协和大学所办的“农村试验区”也是一例。为“开通民智”，该大学在农村设立民众阅报室，并将图书馆收藏的教育学系的儿童书籍借给该区儿童作为课外读物。武昌文华大学图书馆——公书林也对其他学校、机关与个人开放，并办理大学推广教育、巡回文库、书报阅览处等服务项目。此外，有许多高校图书馆允许校外学者、本校毕业生(已离校者)及当地居民利用[12]。

2. 新中国成立以来高校图书馆发展及社会化服务

新中国成立以来，我国高校图书馆虽然也走过了一条艰难曲折的发展之路，但取得的成绩还是辉煌的。

李广生和沈国强对我国高校图书馆新中国成立以来的发展做过专门研究，他们把这一阶段的发展之路分为四个时期，即稳健发展时期(1949年—1957年),曲折前进时期(1958年—1965年),遭受损失、发展停滞时期(1966年—1976年),恢复、健康发展时期(1977年—1999年)[13]。

新中国成立初期,新中国政府接管了高校图书馆,并进行整顿、改造、调整,充实了藏书。1956年,党中央发出了“向科学进军”的伟大号召,同年12月,高等教育部召开了第一次全国高校图书馆工作会,会议总结了新中国成立以来图书馆的工作,明确了高校图书馆的性质、任务,制定了工作条例。此后,各高校图书馆积极响应号召,学习与借鉴苏联图书馆建设的经验,大力采购书刊,做好藏书整理、补充与调配工作,积极开展书刊借阅、参考咨询和联合目录、参考书目与索引的编制以及馆际协调、协作等工作,基本上满足了广大师生的教学科研需求。到1957年,全国高校图书馆已发展到229所,藏书达4000万册,比1949年增加了5倍。

1958年,在社会主义建设总路线的指引下,我国高校图书馆工作人员深受鼓舞,精神振奋,发挥了高度的积极性、创造性,破除迷信,解放思想,克服保守主义,全心全意投入为教学、科研服务中。在“文化大革命”中,高校图书馆遭受极其严重的破坏与损失。

1976年10月,粉碎“四人帮”以后,我国各条战线开始拨乱反正、正本清源,进行整顿。1978年8月,为整顿和加强图书馆工作,教育部颁布了《关于加强高校图书馆资料工作的意见》,这个文件的贯彻、落实,开辟了高校图书馆工作全面发展的新局面。这一时期全国高校图书馆增加到598所,藏书在100万册以上的高校图书馆达35所。书刊资料购置经费为5216万元,馆舍面积为132万平方米,工作人员为17297人。

1981年9月,教育部召开全国高校图书馆工作会议,这是一次催人奋进、解放思想的盛会。会上进一步明确了高校图书馆的性质、任务,成立了全国高校图书馆工作委员会及其秘书处,作为教育部主管全国高校图书馆工作的机构。此后不久,全国27个省、市、自治区和19个部委也相继成立了类似的工作机构,有力地加强了对高校图书馆的组织、管理、协调、咨询和指导工作。1981 年 10 月，教育部颁发了《中华人民共和国高等学校图书馆工作条例》，使高校图书馆纳入法制轨道。到 1986 年，全国高校图书馆事业的规模进一步扩大，经费相当充足，藏书大量增长，招聘了大量的专业人才，并开始做改革的尝试，调整了机构，加强科学化管理。这一时期高校图书馆增加到 1053 所，文献购置费为 1.47 亿元，比 1980 年净增 9484 万元，藏书增至 3.175 亿册，为 1956 年的 10 倍，馆舍面积为 272 万平方米，工作人员为 32 779人，比 1980 年增加了 15 482 人。

从 1987 年起，我国高校图书馆进行全方位的改革，计算机应用进入实用阶段。1987 年，高校图工委改称高校图书情报工作委员会，对全国高校图书情报事业进行协调、咨询、研究和业务指导，并参加了部际图书情报协调委员会。同年 7 月，国家教委颁发了《普通高等学校图书馆规程》，根据此规范性文件，各高等学校图书馆进行了一系列全面的改革。

进入 20 世纪 90 年代，随着我国经济体制的转换，社会信息化进程加快，书刊价格猛涨，高校图书馆面临着严峻的挑战和考验。1994 年，国家实施“211 工程”计划，加大了资金投入，图书馆为高校受益最大的单位之一。许多高校图书馆以此为契机加快了计算机等现代化技术的应用，组建图书馆自动化集成系统、局域网、校园网、专业网，连接中国教育科研网（CERNET）、国内 CNPAC、CNDDN、CHNET 与国际互联网 INTERNET，建立一批数据库，建成多功能的电子阅览室，开展国际联机情报检索、光盘检索、电子信息服务。图书馆已成为高校的文献信息中心。1994 年年底，全国高校图书馆有 1080 所，藏书量达到 4.1 亿册（件），为 1980 年 1.9362 亿册的 2 倍，工作人员 38 162 人。1995 年馆舍建筑面积为 550.83 万平方米，比 1984 年 272 万平方米增长了 100%，为 1980 年的 4 倍多。从 1980 年开始，国家投入的文献购置费逐年增长，1991 年已达 2.1 亿元，为 1980 年的 4 倍。

1999 年开始的高校连年扩招，高等学校规模的迅速膨胀，高等学校的在校生人数猛烈增长，到 2001 年中国高等教育在校生总规模达到1214万人,与1998年的643万人相比,几乎翻了一番;2002年突破1400万人。

1999年1月,"面向21世纪图书馆自动化管理系统建设与发展"研讨会在北京大学图书馆召开,会议的议题集中在中外自动化管理系统的选择和评价上,对今后高校图书馆自动化管理系统的建设指明了方向。同年1月,包括高校图书馆在内的124家图书情报单位在北京共同商讨全国文献信息资源共建共享协作的大事。签署了《全国文献信息资源共建共享倡议书》,倡议按"资源共享,优势互补,互惠互利,自愿参加"的原则,建立了以国家级文献信息资源网络为主导,地区级文献信息资源为基础的全国图书馆文献信息资源共享网络。这样,文献信息资源共建共享工作又向前迈进了一大步,网络化、现代化建设与服务得到了进一步发展。同年6月,"中国高等教育文献保障体系"(简称CALIS)作为"211工程"高等教育公共服务体系建设项目,已被国家发展计划委员会正式批准。旨在推进中国高等教育资源的合理优化配置,实现信息资源的共建、共知、共享,深化资源的有效开发和利用,提高高校教育和科研的文献保障水平。

1999年8月,教育部发出"教高〔1999〕5号文件"《关于成立"教育部高等学校图书情报工作委员会"的通知》。这更有利于高校图书馆相关部门开展工作,有利于整个高校图书馆事业的有序发展。

2000年4月,文化部牵头召集举行包括高校图书馆在内的中国数字图书馆工程建设联席会议,6月,时任国务院副总理李岚清在《文化部关于中国数字图书馆工程建设有关情况的报告》上做了批示:"建设数字图书馆工程的主要目的,是有效利用和共享图书信息资源,有巨大的社会效益。"同年7月,中国数字图书馆工程建设联席会议主办"数字图书馆应用技术交流会"。并召开了中国数字图书馆工程建设专家顾问委员会会议,原则通过了《中国数字图书馆工程建设一期规划(2000—2005)(征求意见稿)》。从此,中国数字图书馆拉开了建设的序幕,高校图书馆成为数字图书馆建设的主力军。

2002年1月,全国高校信息素质教育学术研讨会在黑龙江大学召开。在这次会议上,首次将文献检索课学术研讨会改名为信息素质教育学术研讨会,具体表明图书馆用户教育向前又迈进了一大步。

《普通高等学校图书馆规程》(教高〔2002〕3号)对高校图书馆的性质等做了更全面的阐述:"高等学校图书馆是学校的文献信息中心,是为教学和科学研究服务的学术性机构,是高等学校图书馆的工作是学校教学和科学研究工作的重要组成部分。高等学校图书馆的建设和发展应与学校的建设和发展相适应,其水平是学校总体水平的重要标志。"并对新时期高校图书馆的各个方面提出了新的要求[14]。这一时期我国高校图书馆发展的突出特点主要表现为:高校图书馆的规模不断扩大,藏书质量与人员素质不断提高;高校图书馆建筑面积扩大,图书馆办馆条件明显改善;高校图书馆计算机管理自动化与网络化迅速发展;高校图书馆管理得到改善,管理水平进一步提高;深化高校图书馆的读者服务工作,提高服务质量[15]。

20世纪90年代,随着我国逐步进入市场经济,高校图书馆一度也兴起了"市场热",面向市场经济提供信息服务成为当时高校图书馆的一个重要的服务领域,也间接地开展了各种各样的社会化服务。主要的方式有编制二、三次文献和各种专题目录索引,为科研院所和企业提供课题跟踪信息服务,开展信息中介服务,开办书店,为街道和农村提供知识援助服务等。下面列举一些具有代表性的实例,以便说明当时我国高校图书馆社会化服务的基本状况。

上海交通大学包兆龙图书馆主动为山东枣庄的国土规划研究提供内容翔实、数据充分、论据可靠的情报信息,深受当地政府的重视,获得国家科委颁发的科技情报成果二等奖。哈尔滨工业大学图书馆为全国"高技术"会议提供的《新一代计算机》情报信息,引起计算机界的重视。

全国化工高校图书馆系统专门编印了《高校化工成果》刊物,宣传介绍各高校的科研成果,受到全国化工界的欢迎。有的索要样品,有的要求当面洽谈,在促进科技成果转化为生产力方面,起了较好的中介作用。东北农学院图书馆根据平时掌握的社会需求信息,组织辅导教师学生选题、剪报，当年就收集肉鸡、蛋鸡等种源信息二十多个专集，专题资料六十多个。请校内教授作顾问，编辑出版《肉鸡饲养技术精选》《实用养鹅技术精选》等，为专业户、养殖企业提供服务，产生到了良好的社会效益及经济效益[16]。北京农业工程大学组织编写的中国农机化发展概要》等情报类读物，已推广到全国2000个县及省级、中央级的部分部门[17]。

佛山大学图书馆是从1990年开始向社会开放的，自开放以后，来佛山大学图书馆查找和利用资料的企事业单位的干部和科研人员明显增多。如《化学文摘》，外单位的利用率比本校师生的利用率还要高。学校附近有几家工厂，其中一家是佛山铜管厂，他们从英国引进了一套生产设备。为了搞好设备的消化吸收，他们的工程技术人员经常来图书馆查阅资料。通过查阅《耐火纤维应用》一书，与该书作者取得联系，由作者介绍该厂购买了目前国内生产的最优质的耐火纤维产品，代替了英国产品，节省了大量外汇，并缩短了运输时间，保证了生产。此外，图书馆的情报资料为他们提供了许多信息，使他们能顺利地与上海、兰州、吉林等尿素厂合作，用国产石墨电极加热元件代替进口产品，每年为企业节约上万元的资金。又如，佛山聚酯薄膜厂，通过到佛山大学图书馆查找资料信息，了解和掌握了聚酯漆的最新配方和生产工艺，成功地生产出聚酯漆，并投放市场[18]。

武汉工业学院图书馆采取立足本校兼顾社会的信息服务原则，开展信息服务工作取得了可喜的成绩。1995年，他们根据油脂工程系的科研方向——“95油脂最新实用技术”，推出了“油脂最新实用技术100条”，同时该馆对这100条专题进行标引，实现了全部的全文检索。油脂工程系利用这些资料，对这些专题进行深入探讨、研究和实验，形成了相关的实用、适用、新型的技术信息推向社会。短短三个月，100条专题中反馈信息32条，与37个厂家建立了联系，获咨询费5000余元，取得良好的社会效益和经济效益[19]。

进入21世纪，高校图书馆社会化服务得到较快发展，突出表现为：开展的活动更为多样化，面向社会读者借阅图书、举办培训讲座，利用发达的网络及各类数据库面向社会开展服务;区域化、集团化服务形式明显,如北京地区高校图书馆联盟、深圳大学城图书馆等的集团社会化服务;服务内容精深化,不仅有基础性的图书借阅、图书馆主页浏览等服务内容,而且还提供专业性、技术性较强的参考咨询、科技查新、读者培训、专题信息、学科信息等方面的服务。至此,我国高校图书馆社会化服务走上一条比较规范、繁荣和快速发展的道路。

参考文献

[1][2] 杨威理.西方图书馆史[M].北京:商务印书馆,1998.

[3][5] 陈兴凤,等.中外高校图书馆社会化服务的比较与借鉴[J].常州信息职业技术学院学报,2014(3).

[4][6] 赵玉贞.新时期高校图书馆社会化服务初探[J].图书馆界,2008(3).

[7] 万文娟.中外高校图书馆信息服务社会化比较研究[J].图书馆学研究,2009(2).

[8] 周文俊.图书馆学百科全书[M].北京:中国大百科全书出版社,1993.

[9] 龚蛟腾.中国图书馆学的起源与转型[M].北京:国家图书馆出版社,2013.

[10] 徐建华,陈林.中国宗教藏书[M].贵阳:贵州人民出版社,2009.

[11] 田正平,陈桃兰.中国近代私立大学创建考辨[J].现代大学教育,2007(4).

[12] 王植.中国近代高校图书馆事业的历史作用[J].高校图书馆工作,1987(1).

[13] 李广生,沈国强.中国高校图书馆事业50年[J].津图学刊,1999(3).

[14] 龙润琛.新中国高校图书馆发展历史研究[D].山东大学,2008.

[15] 黄宗忠,徐军.20世纪后半期的中国高校图书馆事业[J].图书与情报,2000(4).

[16] 胡桂生.面向社会服务　拓宽高校图书馆情报工作领域[J].吉安师专学报,1994(14).

[17] 吕福玲.高校图书馆开展科技信息服务的思考[J].情报杂志,1995(4).

[18] 于健萍.地方高校图书馆为企业提供信息服务问题探讨[J].高校图书馆工作,1996(3).

[19] 王贞敏.高校图书馆参与市场信息服务的思考[J].津图学刊,1997(3).

第四章　高校图书馆社会化服务的必要性和可行性

一、必要性

高校图书馆是随着高等学校的发展需要而产生的,同时又是随着社会经济体制的变革和科学技术的发展而不断变化发展着的。在改革开放初期,高校图书馆则是高等学校的图书情报中心,它根据高等学校教学和科学研究的需要,搜集、整理和提供知识载体为广大师生服务。《国际图书馆统计标准》规定:高等院校图书馆是主要服务于大学和其他第三级教学单位的学生和教师的图书馆。

高等学校图书馆的任务,一方面由高等学校图书馆的性质所决定,另一方面必须服从高等学校培养德、智、体、美全面发展的各种专门人才这一基本任务。它必须根据学校的专业设置、培养目标、教学计划、科研项目,发挥其教育职能和传递知识信息的职能,包括对学生进行品德教育,直接配合教学进行专业教育,专门承担信息素质的教育等。

从当时高校图书馆的任务来看,其服务对象很确定,就是本校的师生员工,藏书范围紧紧围绕学校的学科建设和教学科研工作的开展,并没有提出社会化服务的要求。考察其原因,一方面是当时实行的是计划经济的管理体制,社会被划分成不同的行业和部门,不同行业、不同部门、不同人员的工作任务都已被国家明确规定,产品的生产和分配也是由国家统一管理,全社会形成封闭的生产、管理和消费格局,竞争意识不强,社会公众对文献信息的作用还认识不清。另一方面,出版物的数量有限,网络技术还很不发达,交通设施还很不完善,高校图书馆还没有能力提供社会化服务。

进入20世纪90年代后,经济体制由计划经济逐步转向市场经济,产品的生产和销售不再是由国家统一计划,而是根据市场需求进行计划和配置,社会的竞争越来越大。社会竞争的愈演愈烈,促使知识和信息在各个行业中显得越来越重要,冷却了多年的图书馆又热闹起来。另外,计算机技术和网络技术的大力发展以及在图书馆中的广泛应用,使图书馆对广大用户的服务变得更加便捷,范围更加扩大。与此同时,社会用户的信息需求有了明显的变化,他们不再满足图书馆提供的纸质文献或简单的一、二次文献,而是希望图书馆能够提供更为专精的信息和知识服务。由于财力、资源和服务手段的限制,许多公共图书馆已不能满足广大社会用户的知识信息需求,而高校图书馆无论从馆藏资源、文献购置费,还是干部队伍素质和服务设施,和公共图书馆相比,都占有相当大的优势,有能力为社会用户提供服务。

高校图书馆社会化服务的必要性,主要包括以下几个方面。

1. 是公共产品属性的决定

所谓公共产品,按照萨缪尔森在《公共支出的纯理论》中的定义为:纯粹的公共产品是指这样的产品,即每个人消费这种产品不会导致别人对该产品的消费的减少。萨缪尔森所定义的纯粹的公共产品不同于公共所有资源(如石油、草原)。公共产品是指任何一个人对它的消费不减少别人对它的消费。由于公共产品消费的固有特征,公共产品一旦提供出来,生产者无法排斥那些不为此产品付费的消费者,或者排他的成本极高到排他成为不可能,出现私人收益与社会收益不对称,因此,就不存在私人生产公共产品激励,这时政府就成为理所当然的公共产品的提供者。

也就是说,纯公共产品可以定义为同时具有非排他性与非竞争性的产品,私人产品是同时具有排他性和竞争性的产品;而准公共产品可以定义为或者具有非排他性,或者具有排他性的产品。直接来讲,准公共产品是介于公共产品与私人产品之间的社会产品。它是具有公共产品与私人产品特征的混合产品[1]。

从休谟(人性论)开始,古典经济学家就认为提供公共产品是政府的职责。20 世纪 50 年代,保罗·萨缪尔森首次提出纯公共产品概念,但是对公私产品之间大量存在的混合产品没有揭示。此后,阿特金森和斯蒂格利茨对此进行了修正,对中间状态进行了连续处理。1965 年,布坎南提出著名的“俱乐部的经济理论”,引入“拥挤”的概念,揭示了从纯私人到纯公共的连续变化过程[2]。

1987 年,曾伦兴翻译了伊万斯的《图书馆的特征》,文中提到图书馆是非营利性组织(NFP);除了私营图书馆和营利组织中的图书馆外,图书馆完全依靠政府机构征收的税款生存[3]。然而,在当时经济转型和随后愈演愈烈的“有偿服务”“以文补文”“一馆两制”和“产业化”浪潮下,这样的论述并未引起重视。1994 年,文化部原副部长刘德有明确提出“公益事业不能靠市场调节”“盲目给图书馆断奶的做法是与图书馆改革的目标背道而驰”的主张[4]。尽管政府仍承担着图书馆的创办和运行,但长期投入不足,以至于图书馆界“有偿和无偿”的争论经久不衰。从 CNKI 收录的论文看,较早研究图书馆公共产品或公共物品属性的作者都有经济学背景。如 1994 年唐寿宁的《从一个社区图书馆看公共物品的需求变化及归属》,1995 年刘雄武的《论图书馆的公共物品属性》。2000 年以后,图书馆界的同类文章数量增长迅速,主要理论依据是萨缪尔森的公共物品判断标准:非排他性和非竞争性。并且,大多是以公共图书馆或高校图书馆作为研究对象的论文,客观上忽略了大量存在的其他类型图书馆。

就高校图书馆而言,同样具有公共物品属性。

(1)高校图书馆的消费特征具有排他性。目前我国各高校图书馆的消费对象有严格的界限,就是本校教职工和学生。本校教职工和学生是高校图书馆天然的读者。学生一入学就要学习有关如何利用图书馆方面的知识并且办理借阅证,成为图书馆的正式读者。本校教师可以随时办理借阅证,免费入馆消费。而对于校外人士来说,不能进入其他高校图书馆。即使根据市场原则收费也不可以正式成为其他高校的读者。所以高校图书馆的消费是排他性的。

(2)在本校师生人数消费规模范围内,本校师生对于图书馆的消费是非竞争性的。因为在本校师生的人数界限内,增加一个读者进入图书馆的边际成本为零[5]。

古代的私人藏书楼和现代的家庭图书馆基本上属于排他的私人产品。其特点是私人投资,不以营利为目的,在朋友圈内免费借阅。

半排他的准公共产品通常表现为会员制图书馆。其投资主要呈多元化特征,既有国家投资,又有民间投资。

非排他的公共产品,即公益性图书馆。典型的是政府兴办的各级公共图书馆、少儿图书馆等。民间投资的公益性图书馆,其投资主体可以是非营利性组织、非政府组织、个人、集体等,属公益产权,由民间管理,以非营利的目的开展普遍服务,政府可以给予适当补贴。

作为纯公共产品的图书馆事业,按照公益、普遍的原则,只能保障社会成员基本的精神文化需求,既不可能面面俱到,也不可能完全满足用户的个性化需求;而作为准公共产品的会员制图书馆,则可以填补文化事业未能满足的空白,通过灵活多样的市场化手段创办文化产业[6]。

同时,我们应该看到,高校图书馆作为图书馆的一种,其消费特征是非竞争性的,然而并不是完全非竞争性的,因为图书馆的空间、文献资源总是有限的,在一定空间和信息资源的约束下,读者容量也是有限的,当进入图书馆进行消费的读者数量超过一定的临界点后,图书馆的边际成本就会大于零并趋于上升,并出现拥挤消费现象,同时读者之间也会产生负的外部经济;经济学把这种拥挤现象称之为“公地悲剧”。尤其是近些年高校扩招,在校学生数急剧增加,由此给高校图书馆的馆藏提出了更高的要求,如果馆藏没有同扩招人数同比例上升,可能会出现拥挤,非竞争性消失。当然高校虚拟联合图书馆是若干个成员馆的相加,空间、文献资源也是有限的,阅览消费也并不是完全非竞争的。

总结起来,高校图书馆的消费特征没有纯粹公共产品同时具备的非排他性、非竞争性特征,也没有私人产品同时具备的排他性和竞争性的特点。它是在一定的消费规模内具有排他性与非竞争性特点,所以高校图书馆是一种介于纯粹公共产品与私人产品之间的准公共产品[7]。

即使高校图书馆是一种准公共产品,在一定程度上也具有公共产品属性,这种排他性与非竞争性的特征,规定了高校图书馆的公共服务属性,即在为本校师生服务的同时,可以面向社会提供各类知识信息服务。

高校图书馆俱乐部的成员是本校师生,如该图书馆是高校虚拟联合图书馆的成员馆,持有通用阅览证的外校师生也可以进入阅览,其成员的外延扩大了。根据俱乐部理论,我们可以把高校图书馆的读者分为两个级别的俱乐部成员:一级成员是本校师生;二级成员是持有通用阅览证的其他高校的师生。

在俱乐部理论中,俱乐部成员通过交纳会员费的形式提供俱乐部资金来生产俱乐部产品供成员消费。我国高校图书馆从消费特征来看是俱乐部形式的准公共产品,然而实际上从资金供给来考察,我国高校图书馆的资金供给主体是政府及学生。学生通过入学交纳学费的形式提供图书馆资金来源,并同时成为图书馆的正式读者。教师虽然是俱乐部成员,却并没有交费,是图书馆天然的读者。可以看出,学生实际上是按照俱乐部规则交纳会费成为会员的。然而高校图书馆馆藏建设的资金需求是很大的,尤其是当前加强图书馆的信息网络建设,购买各种数据库和新书资金需求更大。如果纯粹按俱乐部理论完全靠学生交费,会使大学生入学产生资金困难,社会总体福利水平下降。但如果只靠目前学生交费,图书馆的经费又远远不够,不能支撑信息社会对高校图书馆提出的要求。考虑到高校图书馆是一种外部正效应很大的准公共产品。所谓外部正效应主要指高校图书馆能产生巨大的收益外溢。也就是说,读者通过地方公共图书馆获得了知识与信息,自身可以获得经济收益,但同时也促进了社会的发展,提高了社会福利水平。所以应该加强政府的作用,弥补"市场失灵",国家或地方政府应通过财政补贴的形式成为高校图书馆建设资金的主要来源。尤其是当前,我国还属于国家办大学,政府对高校图书馆的资金支持更是义不容辞[8]。

2. 是和谐社会构建的需要

构建和谐社会是党的十六大提出的全面建设小康社会的重要目标,党的十六届四中全会又把"构建社会主义和谐社会的能力"作为加强党的执政能力建设的重要内容,十六届五中全会把构建和谐社会写进了"十一五"规划,把和谐社会建设摆在重要位置。和谐社会是多种多样的、包容万物的社会,是公平正义、人际关系非常和谐的社会,社会中的每个成员都有平等、充分享受精神文明建设带来的好处,都有平等获取科学知识和各种信息的权利[9]。

党的十八大报告指出:必须坚持促进社会和谐。社会和谐是中国特色社会主义的本质属性。要把保障和改善民生放在更加突出的位置,加强和创新社会管理,正确处理改革发展稳定关系,团结一切可以团结的力量,最大限度增加和谐因素,增强社会创造活力,确保人民安居乐业、社会安定有序、国家长治久安。

我国自实行改革开放以来,尤其是进入经济全球化的21世纪以来,在引进西方先进的科学和技术的同时,也不知不觉地受到西方外来文化的侵蚀。与此同时,以计算机和网络为代表的高新技术的大力发展和普及,以及人们工作、学习及生活节奏的加快,一些与主流文化、传统文化不协调甚至相悖的"快餐文化""虚拟文化""消极文化"相继问世,甚至一些与主流文化背道而驰的邪教、民族分裂主义等非主流文化也时有抬头。另外,在社会层面上,由于阶级、阶层、民族、宗教、居住环境等社会和自然原因的不同,又形成了各种各样的亚文化,或族群文化,因此在大层面上形成了多元文化的格局。

作为文献信息集散地和文化传播中心的图书馆,面对多元化的社会和多元化的用户群体,理应做出积极的反映。一方面,应大力加强主流文化的宣传和教育，建立起较强的反映主流文化的文献信息资源。另一方面，图书馆还要充分重视多元文化群体，尤其是过去被忽视了的少数或弱势群体，积极建设反映不同文化群体的文献信息资源，提供多元化服务。

随着信息技术和网络技术的大力发展和人们生活质量的不断提高，人们对各种知识的需求日益增加，仅靠公共图书馆来提供这种服务就会有相当多的社会读者的需求得不到满足。在这种情况下，作为高校信息中心和知识中心的高校图书馆，除了做好为学校教学和科研服务的主要工作外，还有责任和义务将馆藏文献向社会公众开放。利用自己的馆藏优势，向社会公众提供各种知识服务[10]。

3. 是高等教育改革发展的必然要求

培养人才、发展科学和服务社会已成为比较公认的高等学校的社会功能，三者构成了现代高等学校的功能体系，统一而不可分割。其中，教学与科研应该是最基本的功能，社会服务实际上是教学与科研这两项功能的扩展和延伸，彰显高校的社会服务功能，确立其在高校功能体系中核心的地位是时代的要求[11]。

针对我国高校的发展现状，《国家中长期教育改革和发展规划纲要(2010～2020年)》切中时弊，在第二十一条中特别强调要增长高校服务社会的能力："高校要牢固树立主动为社会服务的意识，全方位开展服务。推进产学研用结合，加快科技成果转化，规范校办产业发展。为社会成员提供继续教育服务。开展科学普及工作，提高公众科学素质和人文素质。积极推进文化传播，弘扬优秀传统文化，发展先进文化。积极参与决策咨询，主动开展前瞻性、对策性研究，充分发挥智囊团、思想库作用。"因此高校图书馆需要顺应高校中长期改革发展的要求，转变发展方式，在为教育和科研服务中树立广阔的社会视野，在教学科研服务的基础上，拓展服务范围，发挥自身优势直接服务于经济社会的发展，这是我国高等教育改革发展的必然要求。

4. 是顺应文化体制改革的客观需要

由于目前我国的图书馆体制是多元等级结构，加上各系统之间相互分割、各自为政、即使同一系统内也没有形成有力的领导体制，导致了长期以来各自为政的局面，从而导致在文献信息资源共建共享上都固守着小而全、大而全的传统做法。

据学者研究，一方面，随着经济社会的发展和人民生活水平的提高，全社会对图书馆事业的需求增长很快，与国外比较起来，我国图书馆事业的发展空间非常大；另一方面，我国高校图书馆在图书馆事业中占用资源最多，而资源利用率很低。这种问题的解决需要从体制上着手，所以，国家适时地提出了文化体制改革的战略部署。高校图书馆事业既是我国高等教育事业的重要组成部分，也是我国文化事业的重要组成部分。因此要将高校图书馆、公共图书馆以及其他图书馆统筹起来，建立新的体制机制，盘活所有图书馆资源，促进图书馆事业的繁荣和发展，满足人民群众的文化生活需求。在文化大发展大繁荣的历史时期，高校图书馆服务的社会化是顺应国家文化体制改革的客观需要[12]。

5. 网络环境加速了图书馆社会化的需求

高校图书馆拥有很好的网络环境，而网络环境下的图书馆，其实质是社会化的图书馆。网络技术的应用使得高校图书馆开始突破馆舍、地域的限制，跳出了固定的服务场所，摆脱了传统的文献采集、加工、组织和服务管理模式，建立了辐射型的开放服务体系，图书馆个体可以通过局域网和互联网，成为全球网络中的一个节点，可以直接向任何一个网络终端提供信息资源，同时图书馆个体也不必要拥有无限的资源，一些图书馆可以组建联盟，实行馆际互借和全文传递，突破了馆舍以及单位、行业、物理空间和地域的限制，使得服务对象的概念超越了传统的读者范畴而具有了明显的社会化特性[13]。

6. 是图书馆事业发展现状的要求

进入21世纪以来，随着信息技术和网络技术的大力发展，我国图书馆的现代化水平有了长足的进步。不论是公共图书馆，还是高校、科研图书馆，一方面实现了业务工作的自动化，另一方面程度不同地建设了数字资源。这些数字资源以数字化技术为手段，以网络为传输媒介，实现了读者与图书馆资源的零距离接触。尤其是高校图书馆，由于服务对象的专业化、学科化，从而拥有了更全面、更系统的数字资源。这些数字资源，不仅为本校师生所利用，而且可以通过一定的方式向社会读者提供服务。

强调高校图书馆面向社会提供知识服务，很重要的一个原因是，从我国的国情来看，图书馆的数量还远远没有达到国际图联每2万人一个图书馆的标准。另外，在本来有限的图书馆中，还存在着“东部多，西部少，城市多，农村少”的失衡状况，给一些急需知识服务的用户带来了不便。再从行业状况来看，虽然公共图书馆的数量较多，但其整体的入藏文献和服务水平不如高校图书馆。许多省市（区）除了省级图书馆外，其他公共图书馆很难与本省的高校图书馆相抗衡。尤其是地处西部的许多县级图书馆，多年来不能正常地采购到新书，更不用说现代化技术和网络化服务了。从公共图书馆总体数量上来说，美国拥有17 000多所公共图书馆，日本也有3100多所公共图书馆，基本每20 000到30 000人就有一所图书馆；而截至2012年，我国只有2800多所公共图书馆，每50万人才拥有一所图书馆[14]。而高校图书馆一般都集中在较大的城市，近年来又因为本科教学水平评估的需要，学校对图书馆实行政策上的倾斜，在人员引进、文献购置、设备购置、数据库建设等方面投入了大量的资金，因而在整体实力上大大超过了公共图书馆。据有关部门统计，目前，我国共有高校图书馆1022所，藏书达6.4亿册；而我国县级以上公共图书馆有2600余所，藏书仅4亿册。公共图书馆文献信息资源只占社会文献信息资源总量的40%[15]。只有使高校图书馆打破封闭的樊篱，走出校园，以先进的技术和丰富的馆藏向社会公民提供知识服务，才能不断提高图书馆界的整体服务能力，不断满足广大用户日益复杂的信息需求。

7. 是高校图书馆自身发展的趋势

印度著名图书馆学家阮冈纳赞的图书馆学五定律指出：图书馆是一个不断生长着的有机体。图书馆的存在、运行和发展的出发点就是让任何读者在任何时候、任何地方利用任何图书馆的任何资源。追求文献资源利用率的最大化是图书馆的最高目标。但从近些年高校图书馆的发展状况来看，尽管环境改变了，手段先进了，资源更丰富了，利用率也提高了，但这只是纵向的比较。如果从横向来比较，无论是人才资源、设备资源还是文献信息资源，其利用率还远远达不到最大化利用，甚至一些文献常年滞留在书架，没人利用。而社会用户又迫切需要，以致造成资源的浪费。尤其是高校的两个假期，大多学生都离校回家，图书馆的文献资源几乎闲置。因此，高校图书馆可以利用这个机会，集中向社会开放，提高文献的利用率。

首先，服务社会化能增强服务教学科研的能力。服务教学科研是高校图书馆最基本和最基础的两项职能，服务社会化的职能只是这两项职能的自然延展。而社会服务职能的发挥反过来又会促进服务教学科研职能的发挥。其次，服务社会化能破解图书馆发展中的制约瓶颈。现有资源利用率低，资金缺乏是高校图书馆发展的两大瓶颈。据统计，高校图书馆的藏书流通率普遍较低，一般均低于40%，有些图书馆藏书流通率低于20%，高校图书馆藏书的60%—80%处于闲置状态，未能得到有效的开发与利用，一方面拥有丰富的文献信息资源，另一方面资源的开发与利用方法、途径和措施却又极为匮乏，明显的反差导致了恶性循环[16]。进行社会化服务不仅可以提高图书馆资源利用率，而且还可以增加资金来源[17]。再次，服务社会化能增强高校图书馆及其工作人员的自身价值。在服务社会的过程中，会给图书馆带来良好的声誉，重塑高校图书馆知识库、智囊团的良好形象，使高校图书馆的人才、资源、设施等优势得到发挥，切实履行社会责任，并在公共文化服务体系和校办产业发展中发挥作用,实现自身价值。对于高校图书馆的工作人员而言,在广阔的社会化服务中,不但能促使自己加强学习提高本领,还能增加收入改善民生。

对于新建校区,由于大多是处于城市边缘地带,学校周边大多是厂矿或乡村。这些企业和乡村又急需科学文化知识和实用技术信息,高校图书馆正好具备了这种传授知识、提供信息的人力、资源和技术,可以及时向周边的厂区和村民提供知识信息。

总之,社会化服务能使高校图书馆及其工作人员的潜在价值得到显现,同时增强自豪感和荣誉感,这对于高校图书馆的科学发展至关重要[18]。

二、可行性

1. 丰富的馆藏资源奠定了坚实的信息基础

高校图书馆和本地区的公共图书馆相比,馆藏资源门类齐全,学科结构合理,数量庞大,具备了专业性、系统性、完备性和实用性的优点。尤其是新型的数字资源,如电子图书、期刊数据库等,近年来在高校图书馆发展得尤为迅速。高质量的、结构合理的馆藏资源,既能满足本校教学科研和师生文献信息的需求,也能为社会提供知识服务。同时,随着我国经济的持续增长和近年来高校本科教学水平评估工作的开展,学校对图书馆的投入大幅度地增加,文献资源和职工队伍有了突飞猛进的增长。以西北民族大学图书馆为例,2003 年全馆只有 28 人,藏书 50 万册,报刊 700 余种。从 2004 年开始,为了迎接 2007 年的本科教学水平评估,学校先后给图书馆投资 3000 万元,其中用于纸质文献购置费用达 2400 余万元。截至 2014 年年底,图书馆新进图书 140 万册,总量达到 190 万册。电子图书由原来的 25 万种增加到 170 万种,2015 年订购报刊达 2000 余种。值得一提的是,2012 年,一座高规格、现代化、建筑面积为 4.3 万平方米的新图书馆建成使用。

再如西北师范大学图书馆，近年来购书经费每年保持在300万元左右，年购新书7万余册，2010年馆藏总量达210余万册，拥有各类数据库13个。丰富的馆藏资源为高校图书馆提供了坚实的信息资源基础。

2. 先进的技术手段提供了可供服务的技术平台

随着计算机技术、网络技术的大力发展，大多数高校图书馆都实现了自动化管理，并且以先进的存储设备和网络传输设备建立了电子阅览室、数字图书馆和各种数据库，为广大读者检索图书馆文献和利用电子资源提供了极大的便利。在深化服务方面，正是有了先进的技术手段，高校图书馆才能打破原有的格局，通过远程传递、在线咨询、电子邮件答复等措施提供高层次的服务。例如，西北民族大学图书馆自2000年实现业务自动化管理后，不仅读者能够全面及时地了解到图书馆的馆藏文献，而且可以入库自由选书，借书的速度也大大加快。尤其是购置和开发了有关电子图书和数据库以后，使用电子文献的读者越来越多，读者可以不到图书馆，而是在办公室、家里或宿舍中，通过网络直接检索和阅读图书馆的电子资源。另外，图书馆还借助网络，开展了课题查新、远程访问、新书推荐和资源共享等项服务。同时，由于网络环境的便利，图书馆不仅拥有实体的馆藏文献，而且还可以通过“存取”的方式使用外单位的电子资源，从而达到节约经费、资源共享的目的。近几年来，高校图书馆引进并采用的自助借还系统、电子阅报器、歌德电子图书阅读、文献远程传递以及图书馆微信等新技术，更为高校图书馆社会化服务提供了技术上的方便。

3. 高素质的干部队伍是面向社会服务的可靠保证

随着高等教育的不断发展和高校师生对文献信息需求的不断变化，高校图书馆十分重视对人才队伍的建设，并已具有一大批学科结构、学历结构合理的高中级专业人员，其中博士、硕士正在逐年增多。

有人对全国41所重点高校图书馆进行调查，共有职工24 256人，其中有研究生229人，占5%；本科生1608人，占38%；获得高级职称559人，占13%；中级职称1771人，占42%以上[19]。再如甘肃省的41所高等院校图书馆中，拥有职工933人，其中高级职称的268人，拥有博士学位的6人、硕士学位的311人。以西北民族大学图书馆为例，截至2016年5月底，在已有的72名在编职工中，研究馆员6人，副研究馆员25人，拥有有博士学位2人，拥有硕士学位26人。这些优秀人才，或熟悉图书情报知识，掌握网络信息资源的分布情况，或精通某学科和专业，为更好地成为一个合格的学科馆员打下坚实的基础。正是有了高素质的干部队伍，才能保证高校图书馆为广大用户提供现代化的、高层次的知识服务。

4. 便利的地域环境有利于社会用户享受高校图书馆的服务

之所以提出高校图书馆面向社会提供服务，是因为高等学校一般地处于人口众多、经济繁荣的大都市，高等教育的发展也带动着地区经济的发展，从建筑上看图书馆是高校的标志性工程。利用自身优势，为地区经济发展做出贡献，是高校图书馆自身发展与完善的途径之一[20]。例如兰州市就有兰州大学、西北师范大学、西北民族大学、兰州理工大学、兰州交通大学、甘肃农业大学、甘肃中医药大学、甘肃政法学院、兰州财经大学、兰州工业学院和兰州文理学院等十余所本科高校以及兰州石化职业技术学院等十余所高职高专学校，这些学校一般都比较集中，其图书馆的文献构成了一个庞大的资源体系。所有在兰人员除了利用公共图书馆的文献资源外，还可以就近利用高校图书馆的文献资源。地域的方便性为高校图书馆向社会开放提供了有利条件。

5. 比较充裕的资金优势为高校图书馆提供了可靠的保障

近年来，教育部开展的普通高等院校本科教学水平评估，其中有一项非常重要的指标就是生均占有藏书量和生均新书拥有量，这项指标迫使各高校向图书馆加大投入,提高文献购置量。尤其是“985”“211”高校图书馆,每年购书经费都在千万元以上,其他高校图书馆每年购书经费也在500万元左右,这比同级公共图书馆的经费要到多得多。据有关资料统计,2013年我国部分高校图书馆年度总经费为:复旦大学图书馆5400万元,浙江大学图书馆4000万元,北京大学图书馆3890万元,西南民族大学图书馆2300万元,西北工业大学图书馆2100万元,天津师范大学图书馆1900万元[21]。充裕的经费,能够使高校图书馆在保证本校读者文献信息需求的同时,也可抽出部分资金用于开展社会化服务。

参考文献

[1][5][7][8] 罗剑丽,吴昌南.高校图书馆公共产品属性分析[J].青海师专学报(教育科学),2004(3).

[2][6] 谷秀洁,张广钦.公共产品理论视角下的民营图书馆[M]//《图书情报工作》杂志社.图书馆与多样化服务.北京:海洋出版社,2009.

[3] 伊万斯.图书馆的特征[J].曾伦兴,译.高校图书馆工作,1987(1).

[4] 刘德有.适应市场经济的新形势,深化图书馆事业的改革[J].中国图书馆学报,1994(2).

[9] 赵国忠.和谐社会构建与西部地区图书馆的发展[C]//中国图书馆学会.中国图书馆学会年会论文集(2007年卷).北京:北京图书馆出版社(今国家图书馆出版社),2007.

[10] 张婷.浅议农业高校图书馆服务社会化[J].农业网络信息,2007(1).

[11] 严明.服务社会:高等教育功能定位的重新审视[J].江西行政学院学报,2007(2).

[12][18] 杨稷.高校图书馆服务社会化新论[J].高校图书馆工作,2011(5).

[13] 秦孝娥.科研机构图书馆社会化服务模式与方略[C]//中国图书馆学会.中国图书馆学会年会论文集(2008年卷).北京:国家图书馆出版社,2008.

[14] 岳庆荣.高校图书馆社会化服务的法律基础研究[D].辽宁师范大学,2014.

[15] 李健.高校图书馆服务社区的探讨[J].图书馆工作与研究,2007(3).

[16] 万文娟.中外高校图书馆信息服务社会化比较研究[J].图书馆学研究,2009(2).

[17] 赵晖.我国高校图书馆信息服务社会化的困境及对策[J].图书馆学刊,2010(3).
[19] 李健.高校图书馆服务社区的探讨[J].图书馆工作与研究,2007(3).
[20] 唐晓应.高校图书馆社会化服务之我见[J].高校图书馆工作,2005(6).
[21] 2013 年高校图书馆总经费排行榜[EB/OL].[2015-12-10].http://www.gaokao.com/e/20141128/547834da94cb1.shtml.

第五章 高校图书馆社会化服务的法律依据

高校图书馆向社会开放,提供社会化服务,除了理论成果支撑和实践事例作为佐证外,国内外的图书馆法规以及各种条例、规则等也提供了比较充分的依据。

图书馆法是促进图书馆事业发展的重要保障。环顾世界图书馆事业的发展,但凡图书馆事业发达的国家,如欧美国家、日韩等,必定拥有完善的图书馆法律体系作为坚强后盾,包含图书馆专门法、与图书馆相关的法律以及一些行业规范[1]。

一、国家层面的法律法规

前文已经提到,在图书馆立法方面,美国、德国、法国等西方国家相关法律颁布比较早,法律体系也比较完善,为高校图书馆社会化服务提供了比较有效的法律保障。我国至今还没有出台图书馆法,涉及高校图书馆社会化服务的法律法规只是散见于相关的法律法规中。

1850 年,英国制定了世界上第一部全国性图书馆法《公共图书馆法》,由此揭开了世界图书馆立法的序幕。1947 年,英国颁布修改后的《公共图书馆法》。1972 年制定了《大英图书馆法》。

德国在 1871 年成立以前,颁布过《出版物缴本送呈制度》《图书馆互借法令》等法规。1969 年联邦德国政府通过了《关于德意志图书馆的法令法》,给予法兰克福的德意志图书馆以国家图书馆法律地位成为联邦实体,2006 年扩充条款并更名为《德国国家图书馆法》,有力保障了图书馆事业的发展[2]。

早在 1925 年美国就制定了《图书馆法》。1965 年制定的《高等教育法》规定,凡美国的大学都有权享受联邦政府的补助[3]。此外,美国还通过了《美国图书馆互借实施规则》《数字千年版权法》等一系列相关图书馆的法律法规,这些成为高校图书馆开展社会化服务的可靠法律依据。

日本很早就开始颁布一系列与图书馆有关的法令,保障图书馆事业的顺利发展。在二战前就已经颁布了《图书馆令》,1948 年颁布了《国立国会图书馆法》,1950 年颁布了《图书馆法》,1954 年颁布了《图书馆自由宣言》,明确了图书馆为公众服务。1953 年《大学图书馆改善纲要》和 1961 年《公立大学图书馆改善纲要》中提及各高校图书馆在有余力的情况下希望进行对外开放[4]。1986 年《关于国立大学图书馆实施开放服务目前的对策》的调研报告中指出,“大学图书馆为适应社会的需求,必须要开放”。

加拿大是个法治国家,人们的法律意识特别强,1983 年生效的《信息自由法》使公众更便于利用政府的情报资源,而现有的国家图书馆法于 1985 年生效,至 2001 年 8 月曾修订过几次[5]。

韩国 1963 年颁布了第一部《图书馆法》,之后相继修订和颁布了《图书馆振兴法》《图书馆法》《图书馆法实施规则》《学校图书馆振兴法》等一系列配套的法律法规,与图书馆有关的法达到 200 多部[6]。

我国的图书馆法律法规主要包含在《宪法》《高等教育法》《普通高等学校图书馆规程》等相关法规中。

《宪法》第一章第 22 条规定:国家发展为人民服务的文化事业、新闻广播电视事业、出版发行事业、图书馆、博物馆、档案馆和其他文化事业,开展群众性的文化活动。开展社会化服务是宪法赋予高校图书馆的神圣权利和不可推诿的义务。

《高等教育法》对图书馆工作并没有直接进行规定,但其中有不少与图书馆工作相关的内容,如第 11 条规定高等学校应当面向社会,依法自主办学,实行民主管理;第 12 条规定国家鼓励高等学校之间、高等学校与科学研究机构以及企业事业组织之间开展协作,实行优势互补,提高教育资源的使用效益。这是从立法角度对高校提出的工作要求,图书馆作为学校的一个部门,应当充分利用自身资源优势,不断提高图书馆资源的使用效益,面向社会,服务社会,满足社会各阶层需求。这项工作是对《宪法》内容的进一步体现,同时也对高校图书馆工作提出了新课题。因此图书馆应当打破服务对象界限,加强与公共图书馆和科技图书馆之间的合作,强化为全社会服务的职能,让广大社会用户同样能够享有高校图书馆的资源。在各种法律法规中或多或少地从各个方面对高校图书馆服务社会的功能进行了规定,但这些规定并非是强制性规定,而是在认为条件具备的情况下对社会进行服务。

教育部 2002 年 2 月 21 日印发的《普通高等学校图书馆规程(修订)》第二十一条规定:"有条件的高等学校图书馆应尽可能向社会读者和社区读者开放,提供面向全社会的文献信息和技术咨询服务,可根据材料和劳动的消耗或服务成果的实际效益收取适当费用。"这是我国首次以法规的形式把社会性纳入高校图书馆定位的范畴,无疑将提高高校图书馆的办馆效益。

过去的二十几年许多专家学者对我国图书馆法的相关立法研究,做了很多学术上的探讨,但是我国图书馆法的立法工作到现在为止仍然没有完成。不过我们还是不能忽视我国图书馆法立法工作取得的进展,我国的图书馆立法工作始于 2001 年,是年图书馆立法正式成为文化部上报全国人大的立法项目。当时提出的《中华人民共和国图书馆法》涵盖各类型、各级别的图书馆,但是由于在立法的论证过程中,图书馆界内部的想法不能实现统一,因此那次的立法在 2004 年被迫中断。

但是 2004 年以后国家层面的立法规划并未停止。2004 年,中宣部《关于制定我国文化立法十年规划(2004—2013)的建议》中,就将图书馆法列入立法规划。2006 年,中共中央办公厅、国务院办公厅印发的《国家"十一五"时期文化发展规划纲要》就明确要加强文化立法,图书馆法就是文化立法中很重要的一个方面。在十一届全国人大常委会立法规划中,图书馆法被列为审议的项目。2008 年 11 月在文化部的主导下图书馆的立法工作重新启动。2010 年 3 月,《公共图书馆法》征求意见稿起草完成;2011 年 3 月,征求意见稿第二稿完成;2011 年 12 月,文化部将《公共图书馆法》送审稿报送国务院。目前,国务院法制办正在对图书馆立法中的一些关键问题进行调研论证[7]。2012 年 5 月,《中华人民共和国公共图书馆法(征求意见稿)》正式推出。

我国图书馆的立法应当借鉴国外立法的经验,结合我国的实际情况制定适应我国图书馆事业发展的图书馆法,依法保障我国图书馆事业的发展,发挥图书馆在社会服务方面的重要作用。一般意义上的图书馆立法是指国家立法机关通过相应的法律程序制定专门的保障图书馆事业发展的专门法,但是从更深层次上来讲它不但包含专门的图书馆法,还应当包含与图书馆相关的各级各层次的行政法规、图书馆规章制度等一系列配套的法律法规。但是令人比较遗憾的是,我国图书馆法的立法工作从最初提出到如今已经走过了 20 年历程,最初《图书馆法》是一部涵盖全部类型图书馆的法,由于各方面的意见分歧较大,目前提交审议的只是其中一部分《公共图书馆法》,仅对公共图书馆进行了立法规范,并未包含其他类型(尤其是在我国占很大比重的学校图书馆),因此并不是一部完整意义的全面的图书馆法[8]。

《公共文化体育设施条例》中明确指出“公共文化体育设施,是指由各级人民政府举办或者社会力量举办的,向公众开放用于开展文化体育活动的公益性的图书馆、博物馆、纪念馆、美术馆、文化馆(站)、体育场(馆)、青少年宫、工人文化宫等的建筑物、场地和设备”。图书馆作为公共文化设施里面的排头兵应当充分发挥其应有的作用。该条例的第 6 条明确指出:“国家鼓励企业、事业单位、社会团体和个人等社会力量举办公共文化体育设施。国家鼓励机关、学校等单位内部的文化体育设施向公众开放。”这也从法律层面再一次要求高校图书馆应当承担社会公共服务的职能[9]。

1980 年,中共中央书记处第 23 次会议通过了《图书馆工作汇报提纲》(以下简称《提纲》)。《提纲》约 5000 字,分为基本情况、当前存在的问题以及对今后工作的几点意见三个部分。迄今为止,《提纲》是我国唯一由中共中央书记处正式通过的总纲领,它在我国公共图书馆事业管理体制的确立、公共图书馆事业的发展、少年儿童图书馆的发展、图书馆学情报学教育的发展和图书馆学术研究五个方面产生了积极作用和深远影响[10]。

二、相关部门的政策规定

1985 年,中宣部、文化部、国家教委、中国科学院四部委召开全国图书馆工作会议,会议广泛听取了各系统图书馆工作者的意见。经过多次修改,《关于改进和加强图书馆工作的报告》(以下简称《报告》)于 1987 年正式发布。《报告》肯定了图书馆事业发展所取得的成绩,指出了存在的不足,对图书馆事业的发展提出了许多具体的意见和建议[11]。值得注意的是,《报告》提出了各类型图书馆向社会开放的理念。在要求公共图书馆提高开放程度的同时,《报告》也明确指出:“其他各类型的图书馆,也要创造条件。使他们按照图书馆的性质和特点,进一步向社会开放”。这是国内可以考证的、较早提出专业图书馆向社会开放的文件,为高校图书馆向社会开放提供了政策依据。

1987 年,国家教委在 1981 年《中华人民共和国学校图书馆工作条例》基础上制定了《普通高等学校图书馆规程》(以下简称旧《规程》),之后又在国家教委内部设立了专门负责全国高校图书馆工作的职能机构。2002 年和 2015 年,在多次征求意见、反复修订的基础上,颁布了《普通高等学校图书馆规程(修订)》(以下简称新《规程》)。新《规程》增加了很多新的内容,与旧《规程》相比更适合新的时代环境,同时也为高校图书馆今后发展提供了依据。新《规程》在读者服务方面明确提出，有条件的图书馆还应尽可能地向社会读者和社区读者开放。

2002年，北京市第十一届人民代表大会常务委员会第三十五次会议通过了《北京市图书馆条例》。该条例共7章45条，对北京市的各类型图书馆进行了规范，其中第十条明确指出，“本市鼓励学校、科研机构及社会团体、事业单位的图书馆（室）向社会开放”[12]。该条例是我国第一部综合性的图书馆法规，因此，在综合性法规中提到学校图书馆社会化的问题尚属首次。

1996年11月28日，上海市人民政府发布《上海市公共图书馆管理办法》，共8章39条。根据形势的发展，2002年11月18日，上海市政府又对其进行了修订，并于2004年6月24日发布[13]。

其他省市出台的图书馆管理条例和办法还有：《浙江省公共图书馆管理办法》（浙江省人民政府发布，2003年10月1日实施）、《山东省公共图书馆管理办法》（山东省人民政府发布，2009年6月1日实施）、《河南省公共图书馆管理办法》（河南省人民政府发布，2002年9月1日实施）、《深圳经济特区公共图书馆条例（试行）》（深圳市人民代表大会常务委员会发布，1997年10月1日实施）、《广西壮族自治区公共图书馆管理办法》（2000年4月实施）、《内蒙古自治区公共图书馆管理条例》（内蒙古自治区人民代表大会常务委员会发布，2000年8月6日实施）、《湖北省公共图书馆条例》（湖北省人民代表大会常务委员会发布，2001年10月1日实施）等[14]。这些管理办法分别从公共图书馆建设与经费、公共图书馆服务与读者权益、文献信息资源及工作人员等方面进行了说明和规定，其中“应当拓展服务领域和服务功能，采取多种服务方式提高文献信息资源利用率，为当地经济社会发展和科学研究提供服务。公共图书馆应当开展送图书下乡活动，为农村、农民提供科技文化服务”等内容为高校图书馆社会化服务提供了理论参考。

三、行业协会的相关条例和规程

有关行业协会的条例法规主要包括国际图联、中国图书馆学会及各分会、各种图书馆联盟提出的相关条例。

1994 年 10 月 29 日,国际图联和联合国教科文组织联合发布《公共图书馆宣言》,1972 年修订。该宣言主要包括知识的渠道、公共图书馆、公共图书馆的使命、拨款、立法和网络、运作与管理、本宣言的实施几个部分。其中"每一个人都有平等享受公共图书馆服务的权利,而不受年龄、种族、性别、宗教信仰、国籍、语言或社会地位的限制。对因故不能享用常规服务和资料的用户,例如少数民族用户、残疾用户、医院病人或监狱囚犯,必须向其提供特殊服务和资料。各年龄群体的图书馆用户必须能够找到与其需求相关的资料。使社区每一个人都能确实得到图书馆服务"[15]。

2013 年 8 月 16 日,国际图联理事会于 2013 年 8 月 16 日在新加坡批准《国际图联关于图书馆与发展的宣言》。该宣言是《公共图书馆宣言》的进化与拓展,对新信息环境下图书馆的功能发挥提出了更高的要求。该宣言指出:"获取信息是一项基本人权,可以打破贫穷及恶性循环,并支持可持续发展。图书馆独特的作用使其成为重要发展伙伴,通过提供各种信息、服务和方案,以满足多元化社会对信息的需求。图书馆帮助弱势群体和边缘人群,并确保没有人被剥夺基本的经济机会和人权。通过图书馆,人们可以利用技术和互联网的力量,改善他们的生活和他们的社区。图书馆支持正式、非正式的和终身学习,保存民俗、传统和土著知识以及国家文化和科学遗产。图书馆工作有效地在不同的情况下,为许多不同的利益相关者群体服务。"[16]可以看出,该宣言对新形势下各类型的图书馆的性质、使命、功能做了更深刻、更全面的阐释,为高校图书馆开展社会化服务提供了全新的理念。

美国图书馆协会是在全球范围内成立较早的专业图书馆协会，下设 11 个分会、15 个协商会议、21 个专门的图书馆协会和 51 个州或地区分会等。长期以来，有赖于完善的组织机构以及开展丰富多彩的各种活动，ALA 在馆员的业务培训、图书馆法和行业标准的制定、各类专业出版物的编辑、公民求知自由的保护、联合编目的开展、书目工具的编制、馆藏建设与情报检索的促进、图书馆业务自动化和网络化的推动、国际同行交流的开展等多个方面做出了杰出的贡献，使全美图书馆的社会地位和公众对图书馆的认可程度进一步提升，也使得图书馆的社会教育职能得到充分的发挥[17]。

许多地方性图书馆立法也包含了高校图书馆社会化服务的内容。例如，威斯康星州《图书馆法》规定，公共行政管理部门要促进公共图书馆、高校图书馆、企业图书馆、个人图书馆之间的合作共享；明尼苏达州《图书馆法》则要求政府要推动各种类型图书馆之间的合作，加强图书馆资源和服务的可获得性、便捷性；蒙大拿州《图书馆法》专设了图书馆合作条款，对合作对象、管理机构、培训、经费来源等做出了规定。美国《高等教育法》《国防教育法》等法律中的部分条款也适用于高校图书馆社会化服务[18]。

中国图书馆学会 2008 年发布的《图书馆服务宣言》第 2 条指出："图书馆向读者提供平等服务。各级各类图书馆共同构成图书馆体系，保障全体社会成员普遍均等地享有图书馆服务。"第 5 条指出："图书馆开展信息资源共建共享。各地区、各类型图书馆加强协调与合作，促进全社会信息资源的有效利用。"第 6 条指出："图书馆努力促进全民阅读。图书馆为公民终身学习提供保障，促进学习型社会的建设。"这些内容对《普通高等学校图书馆规程》为高校图书馆向社会敞开大门进行了补充规定[19]。

2005 年，武汉大学信息管理学院举办了"数字时代图书馆合作与服务创新"国际研讨会暨第三届中美图书馆员高级研究班。在此期间，主办方邀请了北京大学等 50 多所大学图书馆的馆长，会聚武汉大学，并于 7 月 8 日举办了"中国大学图书馆馆长论坛"。"论坛"回顾了我国图书馆界馆际合作与资源共享40多年的发展历程,探讨了在实现信息资源共享道路上尚需克服的障碍与问题,讨论并原则通过了《图书馆合作与信息资源共享武汉宣言》。它虽然是一份提倡社会信息资源共建共享的宣言,但是它在高校图书馆社会化工作方面的推进作用非常明显。(1)将社会化上升为高校图书馆的目标。宣言的第一部分指出"最大限度地满足校内外读者的信息需求"是高校图书馆的最终目标,而高校图书馆向社会开放也是信息资源共享的要求。(2)为社会化规定了必要的前提条件。宣言第四部分规定,"满足本校读者需求"是向社会开放的必要前提。规避了社会化存在的潜在风险,即影响正常工作的开展,出现本末倒置的情况。(3)在此之前,业界关于社会化的提倡多集中于学术领域,鲜有规模如此之大、影响如此之广的"民间"文件会涉及高校图书馆社会化的问题。(4)签署宣言的高校图书馆涵盖了我国各个地区、各个层面、各个类型的高校图书馆,涉及图书馆范围和类型广泛,对宣言以及社会化理念的广泛传播创造了良好的条件[20]。

2012年3月,首都图书馆联盟正式成立,联盟由位于北京行政区域内的国家图书馆、党校系统图书馆、科研院所图书馆、高等学校图书馆以及医院、部队、中小学图书馆和北京公共图书馆共110余家图书馆自愿联合发起并成立。联盟成立伊始,便推出了十项惠民措施,如联盟内的通借通还、资源共享;搭建统一服务平台、提供联合参考咨询;开展讲座、展览、流动书车等活动;建立统一的调集书库,实现文献互补;将每年9月的第一周确定为"首都读者周"等[21]。成立大会上,北京大学图书馆馆长、联盟副主席朱强代表北京高校图书馆界向社会宣布,北京大学、清华大学等34所高校图书馆将向社会免费开放。

首都图书馆联盟的成立以及十项惠民措施的推出,对于高校图书馆社会化服务工作起到了鼓舞和推动作用。其意义在于:(1)打破图书馆界的系统限制,为社会化服务提供一定的实施保障。(2)以区域为单位,开展全面的社会化服务,所涵盖的高校图书馆数量之多,尚属首次。为其他地区开展社会化服务提供了有效的参考。(3)正视困难,实事求是,脚踏实地地以满足社会读者广泛的、低端的借阅需求为开端开展社会化服务。不给能力有限的高校图书馆增加过多负担。(4)为高校图书馆打开了与其他各类型图书馆开展合作的通道,使高校图书馆开展广泛的、深层次的社会化服务成为可能[22]。

参考文献

[1] 李国新. 论图书馆的法治环境[J]. 中国图书馆学报,2000(3).

[2] 王建. 国外图书馆立法概况及述评[J]. 情报理论与实践,2011(4).

[3] 陈继兰. 美国图书馆信息服务社会化模式及其启示[J]. 图书情报工作,2010(1).

[4] 梁学敏,汪英姿,吴昭. 浅谈面向社会开放的日本大学图书馆[J]. 科技情报开发与经济,2010(31).

[5] 李晓娟. 加拿大图书馆发展现状及其启示[J]. 中国电力教育,2007(S4).

[6][19] 李炳穆,太贤淑,段明莲. 韩国图书馆法[J]. 图书情报工作,2008(6).

[7] 李国新. 忙趁春风赋华章[J]. 高校图书馆工作,2013(1).

[8] 岳庆荣. 高校图书馆社会化服务的法律基础研究[D]. 辽宁师范大学,2014.

[9] 廖武山,谢斯杰,陈聘婷. 高校图书馆社会化服务之法律初探[J]. 海南广播电视大学学报,2009(3).

[10] 潘燕桃.《图书馆工作汇报提纲》及其历史作用与重要影响[J]. 图书馆论坛,2010(6).

[11] 陈乃林. 江苏高等学校图书馆年鉴 1990[M]. 南京:南京大学出版社,1990.

[12] 柳纪纲. 北京市人民代表大会常务委员会文献资料汇编 1998—2003[M]. 北京:北京出版社,2007.

[13] 上海市公共图书馆管理办法(2002 修正)[EB/OL]. [2015 - 11 - 25]. http://wenku. baidu. com/view/cc0def936bec0975f465e253. html.

[14] 刘蒙. 我国现行地方性图书馆法规比较研究[J]. 图书馆学刊,2012(9).

[15] 联合国教科文组织公共图书馆宣言 1994[EB/OL]. [2015 - 11 - 25]. http://baike. baidu. com/link? url = qMcYU3gBgh4oQwTigEjmi6ADlxfWVRkIGWX2pEpScfbxxNaSfNRIGpABDX2nYHjW8duYKfhxMGxDaoALfVKeeq.

[16]《国际图联关于图书馆与发展的宣言》中文版[EB/OL]. [2015 - 11 - 25]. http://blog. sina. com. cn/s/blog_58d5480e0101fr8s. html.

[17] 岳庆荣.高校图书馆社会化服务的法律基础研究[D].辽宁师范大学,2014.
[18] 娄冰.美国高校图书馆社会化服务述评[J].图书馆建设,2014(7).
[20][22] 王宇.高校图书馆社会化服务研究[M].北京:中国社会科学出版社,2014.
[21] 首都图书馆联盟[EB/OL].[2015-11-25]http://baike.haosou.com/doc/8782097-9106186.html.

第六章　我国高校图书馆社会化服务的现状分析

我国高校图书馆社会化服务，在近十几年来进入到一个高峰期，不仅是向社会开放的高校图书馆越来越多，而且提供的服务项目越来越丰富，服务效果也越来越好。

一、基本现状

1. 高校图书馆社会化服务基本状况

纵观近些年我国的高校图书馆，在向社会开放这个问题上不仅在理论上达成了共识，而且在具体实践中已迈开步伐，走向社会，高校图书馆社会化服务工作在不断地进步。从具体情况来看，规模较大、资金充裕的“985”“211”高校起步较早，动作较大，处于中等水平的大学图书馆基本是开始起步，走出实质性的一步，而规模较小、资金比较贫乏的高校图书馆有的还没有开展此项工作。

为比较全面地了解我国高校图书馆的社会化服务状况，我们先看看几份学者的调查案例。

2011 年，王玉林等人以教育部人文社会科学研究规划基金项目“高校图书馆面向社会开放的制度与法律问题研究”为平台，对高校图书馆社会化服务状况进行了调查。基本情况见下表。

通过对调研数据进行统计分析发现，高校图书馆社会化服务程度普遍偏低。向社会开放的高校图书馆只占被调研图书馆的 16. 74%。同时，高校图书馆因所在区域不同，开放情况存在很大差异。如广东省向社会开放的高校图书馆占实际调研图书馆的 26. 7%，河北省为

16.7%，而青海和西藏所占比例竟为0[1]。同时，根据调查的其他结果显示，高校图书馆社会化服务中还存在着资源限制严重、服务内容不统一、服务对象范围狭窄、收费不合理等现象。

面向社会开放高校图书馆统计表

所属地区	实际调研图书馆数	对社会开放数	所占比例(%)	所属地区	实际调研图书馆数	对社会开放数	所占百分比
北京市	62	31	50.00	安徽省	86	12	13.95
广东省	101	27	26.73	内蒙古自治区	29	4	13.79
天津市	36	9	25.00	湖南省	76	10	13.16
广西壮族自治区	53	13	24.53	福建省	54	7	12.96
四川省	64	15	23.44	重庆市	39	5	12.82
黑龙江省	54	11	20.37	河南省	76	9	11.84
浙江省	69	13	18.84	江西省	59	6	10.17
江苏省	108	20	18.52	湖北省	80	7	8.75
贵州省	27	5	18.52	新疆维吾尔自治区	23	2	8.70
宁夏回族自治区	11	2	18.18	山西省	47	4	8.51
吉林省	39	7	17.95	陕西省	68	5	7.35
河北省	72	12	16.67	甘肃省	28	2	7.14
山东省	105	17	16.19	云南省	33	1	3.03
海南省	14	2	14.29	青海省	4	0	0.00
辽宁省	71	10	14.08	西藏自治区	4	0	0.00
上海市	57	8	14.04	所有高校	1649	276	16.74

赵国忠撰文对兰州市高校图书馆开展社会化服务的情况进行了调查。从调查的结果来看,兰州市高校图书馆的社会化服务大多仍处于起步或低层次阶段,只有个别图书馆开展了正规化和常规化的社会化服务。这项工作开展最好的应是西北师范大学图书馆。2008 年 3 月,他们和兰州市安宁区图书馆签署协议,规定只要是双方的正式读者,都可以凭借书证件借阅西北师范大学图书馆或安宁区图书馆的图书。这份协议,不仅首开兰州市高校图书馆与地方公共图书馆资源共享的先河,而且还使本地高校图书馆的社会化服务工作迈出了坚实的一步。其他高校图书馆,尤其是本科院校图书馆,仍然保持着馆际互借和临时接待社会读者的服务。

祖力纳选取 108 所“211 高校”,对其图书馆网站的有关信息进行调查,阅读图书馆的规章制度、读者服务、个性化服务等内容,对各高校图书馆开放服务的程度进行分类,从规章制度中得出高校图书馆对校外读者开放程度,读者服务中可以得出高校图书馆对校外读者的服务范围。然后以 4 个指标(是否有收费的服务,是否对校外读者开放借阅服务,图书馆网站信息是否有专门的校外读者说明,是否有针对读者的个性化服务)对 108 所高校图书馆开放服务的程度进行统计。

通过调查发现,已有 75.9% 的高校馆对校外读者提供图书馆借阅服务,开放服务已经得到我国高校的普遍认同。70% 的高校馆通过设立咨询部、情报部,对读者开展定题服务、跟踪服务、代查代检、课题查新等服务,取得了社会效益和经济效益,吸引了更多的校外读者。从结果上看,东部、中部、西部地区的高校馆符合第一指标的数值分别为 77.6%、72.7%、75.0%,与“211 高校”馆符合第一指标的数值 75.9% 都很接近,这表明 3 个地区的高校馆在对开放服务的认可度上无大的差别[2]。

欧亮、万慕晨采用网络调查法搜集资料,选取 39 所“985 工程”高校图书馆作为调查样本,对其社会化服务状况进行了调查分析。

调查结果表明,虽然被调查的 39 所高校图书馆向社会开放程度不一,但它们都以不同形式向社会开放,其开放形式主要包括阅览、借书、上网、科技查新、文献传递和查收查引，有的高校馆还向社会提供定题和专利等服务。有7所在网站首页专门设置了社会服务的入口，仅占被调查对象的17.95%；有17所把关于社会服务的规章制度系统有序地集中在图书馆网站同一条目下，占被调查对象的43.59%。有31所允许社会服务对象进入图书馆阅览，占被调查对象的79.49%；有19所允许社会服务对象进入图书馆借书，占被调查对象的48.72%；有11所允许社会服务对象进入图书馆上网，占被调查对象的28.21%。但这些向社会提供办证服务的高校馆，大部分对办证者有诸多限制，如：仅对校友、合作企业办证，办证时不仅要求提供身份证明、单位介绍信、照片等材料，还需交纳办证押金和服务费等。被调查的39所高校图书馆中，有38所允许社会服务对象进行科技查新，占被调查对象的97.44%；有31所允许社会服务对象进行文献传递，占被调查对象的79.49%；有32所允许社会服务对象进行查收查引，占被调查对象的82.05%。同时，大部分高校馆都在其网站首页为此3项服务提供了入口[3]。

唐晓阳通过网站对深圳的深圳大学城图书馆、深圳大学图书馆、深圳职业技术学院图书馆、深圳信息职业技术学院图书馆和深圳广播电视大学图书馆五所图书馆的信息社会化服务现状进行调查。结果发现，除深圳信息职业技术学院图书馆网站无法访问外，其余4所高校图书馆均参与“图书馆之城”建设，面向社会开展文献提供服务，3所高校开展信息咨询和信息增值服务，促进地方自主创新和社会经济发展。同时用同样的方法对广州市85所高校图书馆社会化服务进行了调查。除11所图书馆的网站无法访问外，其余74所均实现校内电子资源共享服务。调查显示：具有培养研究生资格的公办本科类综合性大学图书馆是开展社会化信息服务的主力，这类大学有25所，而民办、独立学院和成人高校图书馆，则罕有开展。在文献提供服务方面，有14所高校可办理临时借阅证，但需收取押金或服务费，对社会用户限制开放；有18所高校提供馆际互借服务，文献传递服务有25所；在信息咨询服务中，具有科技查新服务资格的图书馆有11所，提供定题服务的有25所,代查代检有25所;在信息增值服务方面,有23所公办本科类高校分别开展了自建特色数据库、专题信息汇编、主办专业信息杂志等服务。但是与深圳高校图书馆普遍开展社会化信息服务的现状相比,广州提供此类服务的高校图书馆仅占29.4%,尚未发挥其应有的集群辐射力和社会影响力[4]。

黎炳明撰文总结了广西北部湾经济区高校图书馆社会化服务的基本状况,这些调查为更好地开展社会化服务提供了坚实基础。作者通过网络多次访问北部湾经济区内15所本科院校图书馆网站上的"本馆概况"或者"本馆简介",调查每所图书馆馆藏文献资源现状。截至2012年12月,北部湾经济区内各本科高校图书馆的馆藏文献总量为2428多万册,文献总量大,信息资源丰富,部分高校图书馆建设了特色馆藏,并且还有一些馆开展了特色信息服务。随着北部湾经济建设的不断深入,北部湾经济区一些高校图书馆开始走出高校的围墙为地方的政府机关、研究院所、企业等开展信息服务,如:南宁地区教育学院与广西钦州保税港区管理委员会结对子;钦州学院图书馆从2011年开始面向社会公众免费办理借阅证,为包括本地的院校、政府机关、工矿企业办理了156张借阅证,本文作者就曾于2011年为广西钦州保税港区管理委员会开展了信息检索技能培训活动[5]。

张杰通过实地调查、网络调查、电话咨询等调查方法对安徽大学、合肥学院和安徽医科大学三所高校图书馆的社会化服务情况进行了调查,并从开放对象及人数、开放时间、是否收费及标准和借阅量及借期四个方面分析了三所高校图书馆的借阅服务情况。其基本情况为:安徽大学图书馆开放阅览但不外借,其中开放的图书馆指的是老校区的逸夫图书馆。开放时间除了一、二、七、八月份和国家法定节假日,每月选择时段面向附近社区居民及外校师生读者开放部分资源。开放的阅览室为中文图书借阅室、中文社会科学和自然科学期刊阅览室、中文合订本期刊阅览室,每个阅览室每次可接待50人。此外,对于图书馆的网络课程资源,常年对全校师生开放,部分资源社会读者可浏览。安徽医科大学图书馆可开放的资源有电子资源和纸质资源。

限于在本馆阅读浏览的纸质资源包括社科类、医学类等20余万册图书。开放时间为每年3月10日—5月31日,9月10日—11月30日。节假日开放时间另行通知。安徽医科大学图书馆社会读者入馆需办理“临时阅览证”,进馆阅读免费,但图书馆内电子资源阅览按流量收取一定费用,为每小时1元。合肥学院图书馆要求社会读者办理借阅证,办证时需填写盖有公章的个人信息表,按单位集中办理。每个借阅证可以使用3年,到期后还可以续签。借书卡每卡可借阅中文图书5册,到期后还可续借1次[6]。

1988年,广东省五邑大学图书馆就向校外200名公民发放借阅证,开展社会化服务;1996年12月,深圳大学图书馆决定对社会开放;2002年,厦门大学图书馆宣布对社会开放;2004年,浙江林学院图书馆向当地市民免费提供阅览服务;2005年,信阳师范学院图书馆宣布向市民开放;2009年3月,山东大学威海分校、哈尔滨工业大学(威海)、威海职业(技术)学院等高校图书馆面向社会开放[7]。

2009年9月由河南科技大学与洛阳市政府共同投资建设的洛阳市图书馆、河南科技大学图书馆宣布动工,它将成为国内继深圳市科技图书馆之后又一家由高校与政府共建、兼具高校图书馆和公共图书馆双重功能的综合型图书馆[8]。常州工学院图书馆将丰富的信息资源最大限度向社区开放,连续创办三个校外流动图书馆,服务普通百姓,赢得良好声誉。2010年年底,该校图书馆与天宁区天宁街道合作,在青山湾和陶沙巷两个社区建立了“流动图书馆”和“陶然居”读者协会。2011年3月,常州工学院图书馆兆丰社区流动图书馆在兆丰花苑“安家”。乐山师范学院图书馆与五马坪监狱共建图书馆。宁波大学图书馆下属的科技信息事务所与宁波市产品质量监督检验所共同组建了“宁波文教用品研究中心”,为文教产品的质量技术标准收集与制定提供文献信息资源和人力资源[9]。江西理工大学图书馆为各企事业单位人员设立了专门的电子资源查询阅览座位,到2011年已经为各企事业单位人员提供电子资源查询服务超过300人次[10]。南京工业大学由校本部与江浦校区组成,校本部的创新大楼使用以来,图书馆积极探索最合适的方式满足入住创新大楼的企业发展的需要，在2009年4月正式向入住南京工业大学的企业开放图书馆，包括办理图书馆证件与使用图书馆的电子资源，极大地方便了入园企业员工的需要。其中，图书证工本费10元/证，使用服务费200元/证·年(自办证之日算起，未足一年按一年算)，押金300元/证(证件注销时返还)。图书证的使用规则和本科生一样，一次借8本，借期为30天。中外文电子资源使用服务费5000元/企业·年(自开通之日算起，未足一年按一年算)，一个企业最多申请5个账户，一个账户对应一个IP，账户到期后，未及时续费的，自动停止服务。同时，图书馆也购置了先进的打印机、复印机和工程机，积极服务于一些没有足够财力购买工程机的中小企业，满足用户的需求。与此同时，江浦校区图书馆于2008年正式进行部门的机构调整与重组，新建公共服务部，顺应图书馆信息服务的社会化需要，于2009年正式建成"工大书苑"和"咖啡馆"作为对外服务的部门，"工大书苑"如同一个图书漂流的跳蚤市场，给予本校学生和其他的一些外来人员更好读书的需要；而"咖啡馆"作为一个能休闲的场所，能够在满足社会信息服务同时给图书馆带来一定的创收[11]。

我国台湾地区高校图书馆面向社会开放起步也较早，各高校图书馆几乎均面向社会开放。台湾地区"图书馆法"于2001年1月17日发布，迄今已有近15年。该法在第四条中明确规定高校图书馆的服务对象和设立宗旨——"大专校院图书馆：指由大专校院所设立，以大专校院师生为主要服务对象，支持学术研究、教学、推广服务，并适度开放供社会大众使用之图书馆"[12]。在《大学图书馆设立及营运基准》和《专科学校图书馆设立及营运基准》总则中又再次申明：大学图书馆和专科学校图书馆是适度开放予社会大众使用之设施。

有人撰文对台湾地区高校图书馆的社会化服务进行了调查。结果表明，台湾地区高校图书馆面向社会开放的内容、范围等因各校的情况迥异而有所不同。台湾地区高校图书馆服务对象的类型非常多样，常见的类型有本校学生(含访问生、交换生、选读生、预科生)、本校教职员工(含专任教师、兼职教师)、研究人员(含访问学者、短期约聘研究人员、研究助理)、馆际互借馆成员、志愿者、校友、退休人员、推广教育学员(类似继续教育学生)、合作机构(合作的研究机构、企业)、一般社会用户(含社区用户)、贵宾(即有特别贡献的人士)等。在调查的高校图书馆中,96% 的样本高校图书馆为其校友提供服务,48% 的的样本高校图书馆为其员工眷属提供服务,92% 的样本高校图书馆为其述及的一般社会用户提供服务,只有 20% 的样本高校图书馆为贵宾提供服务。

大多数的高校图书馆均开放社会用户持证借阅,即社会用户只要办理了借书证,就可以成为图书馆正式用户的一员,将享有与正式读者同样的权利。但是由于各校图书馆资源量、服务水准及开放幅度有所差异,其借阅规则亦会有所不同。以员工眷属服务对象为例,东华大学图书馆规定员工眷属的权限等同于其申请人的权限,而慈济大学则规定员工眷属的借阅册数与教职员工本人合并计算。台湾地区高校图书馆面向其述及的校友、员工眷属、一般社会用户以及贵宾等社会用户时,100% 提供相关参考咨询服务,体现了以用户为中心的服务理念。对于高校自己制作的数据库以及征集的免费数据库或电子资源,台湾地区高校图书馆面向其述及的校友、员工眷属、一般社会用户以及贵宾等社会用户均 100% 免费提供使用。但是出于知识产权和成本的考虑,图书馆购买的数据库并非全部免费提供使用[13]。

2. 现阶段我国高校图书馆社会化服务的基本特点

(1)认识逐渐统一

虽然当下国内高校图书馆的社会化服务还不太普遍,但各高校图书馆对开展社会化服务的认识在不断地加强,逐渐从排斥到接受,再到想办法开展工作。

高校图书馆社会化服务观点一经推出,便成为业界关注的焦点。同时持“开放”与“不开放”不同观点的双方也展开了激烈的辩论。持“开放”观点的认为:高校图书馆的经费主要来源于公众,其应属于公众资源,所以有义务为公众服务;高校图书馆相对封闭,资源利用率低,对外开放可以提高资源利用率,并可以扩大高校的影响;同时提出公共图书馆事业基础薄弱,发展不平衡,拥有丰富信息资源的高校图书馆有必要伸出援手。持“不开放”观点的认为:我国图书馆类型十分明确,不同类型图书馆的职能不同、任务不同、服务对象不同,高校图书馆的职能明确是为本校教学科研工作服务的,面向社会开放并不是学校对图书馆的要求,即使公共图书馆事业基础薄弱,发展不平衡,解决社会民众休闲读书和信息需求的问题也不应让高校图书馆来承担,而且到目前为止,也没有任何相关的法规有明确的规定高校图书馆向社会开放。

从高校图书馆的实际情况来看,开展社会化服务是必然的,但同时也会给高校图书馆的正常运行带来诸不便。例如,图书馆的馆舍面积、阅览空间、文献购置经费大都是与在校师生人数相匹配的,如果突然扩大读者群,很容易导致校外读者与校内读者争夺资源,基础资源都无法保证更谈不上优质高效的服务了。另外,工作人员的服务能力和图书馆的管理制度等,在社会化服务过程中都是不容忽视的问题。因此,高校图书馆的社会化服务应该是有前提、有限制的开放,而非毫无约束的“面向所有民众办证开放”[14]。

争论还在继续。但从建设小康社会、和谐社会的需求出发,从图书馆固有的本质职能出发,从高校图书馆馆舍、服务手段和信息资源的实际状况出发,近年来业界对高校图书馆社会化服务的认识已趋统一,认为开始这项工作是历史的必然。这种社会服务意识的增加,不能不说是高校图书馆社会化服务道路的一个明显进步。

(2)社会化服务不断深入

随着业界对高校图书馆社会化服务的认识不断增强,相应的工作也在不断深入。最初以北京大学、深圳大学为首的部分高校图书馆开始有限制地实行“部分开放”,成为社会服务实践中的领头羊,表明高校图书馆在开展社会化服务的道路上实现了“破冰之旅”。随后,国内其他高校图书馆开始陆续向社会开放,提供服务。那时候,对社会开放的图书馆主要是提供课题查新和部分馆藏资源的借阅。而这种开放是有限制的,如北京大学、清华大学、中山大学等图书馆就要求,必须有单位的介绍信才可以办理临时阅览证,阅览证的使用局限在馆内的文献浏览,并不提供外借服务,而且阅览时间也仅限一天,同时还要收取部分费用。中国人民大学虽然提供免费的借阅服务,但也只是对于普通书刊而言,对于特藏资源的利用,也必须缴纳一部分资料费。

随着计算机技术及信息技术的出现,信息的获取方式由原来单一的手工检索转向了计算机辅助检索。高校图书馆开始向社会读者提供参考咨询、信息检索等服务。这一时期,开展社会化服务的高校图书馆面向社会开展相应服务的限制条件较以前也有所放宽,社会读者凭借有效身份证件申请办理借阅证。入馆后,除了可以浏览、借阅图书馆的纸质实体资源外,还可以利用图书馆的电子资源。

20 世纪 90 年代后期,信息技术进一步发展,信息的存储、传递和利用变得越来越便利,高校图书馆的社会化服务开始向更高层次迈进。随着图书馆信息资源类型的多样化和读者信息需求的新变化,高校图书馆社会化服务方式也发生了巨大变化,同时开展社会化服务的高校图书馆数量也在不断增加,各省市重点院校都不同程度地开展了社会化服务。还有一些高校图书馆向不同行业的用户开展了专题信息服务。如东南大学图书馆通过承接社会用户的科技查新业务开展社会化服务;暨南大学图书馆开展软硬件维修和企业咨询等服务[15]。

(3)社会化服务范围不断扩展

随着高校图书馆社会化服务的开展,高校图书馆的服务范围也不断扩展,从最初的仅向本校的教师、学生和科研人员服务扩展到向社会团体提供服务,从社会团体扩展到所在区域内的公众,从本区域内的公众再扩展到全国范围内的公众,最后甚至可以从全国范围内的公众扩展到世界范围内的公众。

高校图书馆社会化服务的范围与其服务条件密切相关,最初相当一部分高校图书馆向社会用户服务的条件是:一要持有本人有效证件,二必须有单位介绍信或者相关的担保书。这就将大量想进入高校图书馆的社会读者拒之门外。有的高校甚至规定,只有该高校所在地区的常驻居民才能进入该高校图书馆办理借阅证。还有一部分高校图书馆为用户提供的服务非常有限,比如只向社会开放少数书库,借阅的数量也非常少。这些条件也影响了社会用户的积极性。但近年来,随着高校图书馆社会化服务进程的不断加快、实践的不断成熟,高校图书馆社会化服务的限制条件不断减少,办证手续不断简化,使高校图书馆社会化服务范围逐渐扩大。如黑龙江大学图书馆的社会读者不需要持介绍信,持一寸照片和200元押金就可办证,在黑龙江大学图书馆办证的社会读者已有两三千人。

由此可见,虽然目前高校图书馆社会化服务的区域辐射面还比较窄,开放度也仍有限,但我国高校图书馆社会化服务范围一直在不断扩展,这不能不说是高校图书馆社会化服务进程中的一大进步。

(4)社会化服务项目不断丰富

随着高校图书馆办馆经费的逐年增多、办馆条件的逐年改善以及社会读者对文献信息越来越迫切的需求,高校图书馆社会化服务的项目也在不断丰富。

高校图书馆的社会化服务最初从馆内阅览、文献复制向社会开放,逐渐过渡到缴纳一定押金后免费借阅。之后,高校图书馆的其他服务也逐渐向社会开放。

首先是图书馆的电子资源,如网络数据库、多媒体资源、特色资源等可以供社会读者利用,满足其对不同文献信息的需求。参考咨询服务也随着高校图书馆社会化服务的进程走入社会读者,为其解决了许多实际问题。对于本馆不能满足的资源,有些图书馆的馆际互借与文献传递服务开始向社会读者提供服务,以满足社会读者对资源广度的需求。同时,很多高校图书馆作为科技查新站,也对社会读者提供科技查新、查收查引等服务,以满足社会读者对资源深度方面的需求。有些高校图书馆有针对性地开展了各种培训与讲座,为知识普及和业务技能提升等提供新的途径。有些高校馆推出个性化服务,这是高校馆实行开放服务深化的结果。例如:浙江大学图书馆组织以咨询部老师为主的专家队伍,采取一一对应的服务方式,对读者提出的每一个个性化需求，都指定1—2位负责老师，与服务对象进行沟通和交流，直到解决相关问题为止。还有手机短信、邮件通知等，且均为免费服务[16]。另外，一些高校图书馆根据自身的特点开展了一些个性化的服务，如举办特色展览、影视展播、读书节，开展各种书评、影评、征文、竞赛等。

不断丰富的服务项目，既是高校图书馆社会化服务的实际成果，也是对高校图书馆社会化服务的一种推动。虽然并不是所有高校图书馆的社会化服务项目都非常丰富，但是，分布在不同图书馆的这些服务项目，对于其他图书馆有重要的借鉴意义。其他图书馆可以在这些服务基础上，根据本馆特点，开展更加深入、实用的本土化服务项目，从而推进国内高校图书馆社会化服务的进程[17]。

二、高校图书馆社会化服务的障碍因素分析

为了更好地服务社会大众，使更多的馆舍空间、信息资源和设备得到最大化地利用，高校图书馆开展社会化服务是众望所归。但是，由于受到管理体制、政策法规、传统思想观念以及图书馆本身资金、设备等因素的影响，目前进一步推进高校图书馆社会化服务工作还有许多障碍，在一定程度上减缓了高校图书馆社会化服务的步伐。

1. 观念因素

高校图书馆被视为是学校的文献信息中心，其重要职责是为学校的教学和科研服务。这一传统的理念使学校各级领导和图书馆职工的思想认识就只定位到为本校读者服务上，没有意识到向社会开放。

高校图书馆的管理模式是针对教学科研服务而制定的，一旦为社会服务，或多或少会担心对外开放所带来的秩序混乱、工作量增加、文献丢失处理等问题出现。由于长期闭关自守，缺乏创新意识和共享理念，缺乏服务品牌意识，同时，有些高校图书馆的馆舍面积和信息资源

就不是太富裕,如果向社会开放,管理者或工作人员会担心社会读者会挤占本校师生的阅读资源。此外受传统校园安全管理理念的制约,大部分高校校园都是封闭式管理,为了避免一些管理问题和安全隐患的发生,多数高校都不支持图书馆社会化服务,这就相当于将高校图书馆服务社会化的行为扼杀在了摇篮里。另一方面,由于社会大众信息素养和信息意识的缺乏,对高校图书馆社会职能的认识有限。每个人的传统思想中,高校的大门不是随便可以进入的,何况高校图书馆的大门,这样又何谈利用呢？社会大众对于图书馆丰富的馆藏和高水平的服务只能望眼欲穿。也是这种闭锁观念,缺少对高校图书馆社会化的呼吁,造成了当今高校图书馆社会化服务的被动局面[18]。

2. 政策因素

从国家层面上看,政府及教育部缺乏针对高校图书馆社会化服务的专门法律。高校图书馆作为国家财政拨款的事业单位,有义务向社会开放。在《中华人民共和国宪法》和《普通高等学校图书馆规程》中都能间接或直接地找到高校图书馆服务社会的相关条款。鉴于高校图书馆的特殊地位,教育部于 2002 年 2 月 21 日颁布《普通高等学校图书馆规程(修订)》,其中第 21 条明确规定了“有条件的高等学校图书馆应尽可能向社会读者和社区读者开放。面向社会的文献信息和技术咨询服务,可根据材料和劳动的消耗或服务成果的实际效益收取适当费用”。从法规方面要求高校图书馆应当面向社会开放,社会各类读者都应该成为高校图书馆服务的对象。但这只是对高校图书馆社会化服务的引导,如“有条件”“尽可能”“适当”等词语的使用都模糊不清,没有做一个明确的规定。因此,高校图书馆社会化服务在实施过程中缺乏明确的、强制性的专门法律[19]。

3. 体制因素

(1)互相分割的管理体制不利于高校图书馆的社会化服务

涉及的体制因素大概包括两个方面。一方面是隶属管理系统不同。同一地区的图书馆,既有文化系统分管的,也有科研系统分管的,还有各级教育系统分管的。即使高校图书馆,也有教育部管理的,还有国家其他各部委管理的,也有隶属于某省市或省市教育厅的。例如兰州市高校隶属于不同的领导系统,兰州大学隶属于教育部,西北民族大学隶属于国家民委,而其他高校隶属于甘肃省。不同隶属系统决定了经费、人员的支持来源不同,而开展社会化服务,也只能是本地用户得实惠,要使教育部和国家民委也协调支持此事,会有一定的难度。处于封闭和半封闭状态的图书馆行业由于条块分割,学校政策不支持对社会开放,绝大部分高校图书馆很少或几乎没有与社会方面的来往。另一方面,要开展社会化服务,单靠一两个高校图书馆或几个高校图书馆是解决不了问题的,必须在组织机构、人员构成、服务内容、经费来源等方面形成一定的机制,保证此项工作的健康运行,所以要形成科学的管理运行机制。在集团化运行方面,过去也有图书馆曾经过多次努力,试图通过建立联合共建共享的运行机制,实现联合采购和集团服务,但都在具体实行的时候,由于体制的问题没能实现。从目前兰州市高校图书馆的现状来看,仍处于散兵作战的状态,没有形成良好的机制。

还有一个重要因素,高校图书馆隶属于学校,图书馆的人、财、物都需学校支持,而学校的中心任务的培养学生,做好教学工作。尽管图书馆有向社会开放的想法,但作为学校领导以及其他相关部门很难接受。

在高校图书馆社会化服务的运行体制中也存在一定的体制障碍。一是高校图书馆垂直管理部门与地方政府之间不存在隶属关系,所以在制订社会化服务的计划、运行方案,统筹人员配备、资金投入等方面很难达成一致的协议。

(2)缺乏地方政府的奖励机制和学校的评估机制

从开展社会化服务的高校图书馆来看,开展此项工作大多是高校图书馆根据社会读者对文献信息的需求,结合本馆的馆舍及馆藏特色开展相应的服务工作,而对于高校图书馆回报社会的这一举措,地方政府缺乏相应的奖励机制,在一定情况下影响了高校图书馆推进此项工作的信心。另外,大多数学校领导和师生员工认为,高校图书馆的职能只是为本校的教学和科研服务,无须面向社会开放和服务。所以在考核图书馆工作业绩时,没有设定社会化服务方面的项目,致使高校图书馆是否开展社会化服务,开展的广度和深度如何,都不是高校领导关心和考核的事,使得图书馆在开展此项工作时动力不足。

4. 资金因素

高校图书馆要实现社会化服务,需要一定的空间、一定的设备和适合于社会读者的文献信息资源。而这些只靠图书馆每年的固有经费是不够的,需要单独投入经费。虽然高校图书馆是学校的三大支柱之一,也在前几年的本科教学工作评估活动中得到了学校前所未有的重视和财力支持,但近年来随着大规模评估活动的结束,除一些“985”“211”高校图书馆外,其他高校图书馆的经费明显偏低,维持正常的教学服务已经不易,很难有资金投入社会化服务中。

从社会关注和投入度来看,虽然从理论上来说社会各界有责任和义务维护与支持高校图书馆的发展。国外发达国家图书馆事业的快速发展是与社会对其广泛的理解和支持是分不开的。而我国的现状是,社会大众一般都在有文献信息需求时,才会想到图书馆,查不到资料时,才会发现文献资料收藏的不足和陈旧。至于图书馆经费短缺,无法购置相关的设备和文献,似乎不是他们关注的问题。在这种观念的影响下,高校图书馆就更加远离社会,更不会引起社会各界的重视。

影响高校图书馆社会化服务资金方面还有一个重要因素,就是近年来各高校图书馆的电子资源所占资金比例越来越大。电子资源不像纸质文献,不是购置一次就完结了,而是每年要不断地增加新的数据,还要一定的数据库维护费用,另外还要不断地新增数据库。这方面的费用在高校图书馆的所用费用中所占比例越来越大,而社会读者使用的又多是纸质文献,所以在一定程度上影响了为社会读者的服务。

5. 管理因素

高校图书馆向社会开放肯定会给学校和图书馆的管理带来一些实际问题。如高校图书馆的人员配置是根据学校的办学规模和图书馆的藏书量来确定的,面向社会开放必然会出现人员紧缺,工作量加大;校外人员由于各种因素不熟悉馆内的规章制度和借阅流程,借阅过程总会出现这样或那样的问题,因此必然给管理增加难度;校外人员与校内读者在时间和空间上的撞车和拥挤等[20]。还有校外读者的类型和成分比较复杂,包括了社会上各个阶层、方方面面的人物,有专心学习的,有消闲养性的,当然也有乘机捣乱的。高校图书馆要向社会提供服务,势必会造成图书馆内的一些不稳定因素。要很好地解决提供服务与保持良好环境的关系,必须重新认清形势,抓好管理,不然会适得其反。

6. 人员因素

高校图书馆要开展社会化服务,必然需要一批专兼职的专业人员和管理人员。这些人员是属于"部门所有"还是"地区所有"?具体表现在人员的考察、培训、任免、交流等各个环节。还涉及如协调机构、管理机构的工作人员,流动图书馆服务人员,本馆开辟的社会读者阅览室服务人员,网络服务专业人员等的配备。这些专兼职的工作人员都需要一定的资金来维持正常的工作和生活,但从我国高校图书馆的现状来看,图书馆工作人员的职数和薪酬都是按照该校教学和科研需要来设定的,并没有考虑到社会化服务的需求。另外,由于观念和经济实力的因素,地方政府也没有这方面人员的安排。所以,人员因素也是制约高校图书馆社会化服务的一个重要因素。

7. 技术因素

随着信息技术和网络技术的飞速发展,社会用户对电子文献和网络信息的需求越来越大,数字资源已是当今信息资源体系中不可分割的一部分。但从我国的信息化程度来看，尤其是西部地区和少数民族地区，一是广大居民的电脑拥有量和上网人数相对较少，即使高校图书馆提供电子文献和网络信息，不具备上网条件的社会用户也是使用不上的。二是除了少数几个高校图书馆外，其他高校图书馆的硬件设备和数字资源还比较贫乏，不能为社会用户提供更多的网络信息服务。三是在使用电子文献和网络信息时，信息的传输共享和知识产权的保护仍是亟待解决的问题。所以，在社会化服务中，还有一定的技术问题需要逐步解决。

8. 信息资源因素

一般来说，高校图书馆的信息资源（包括纸质文献和电子资源）都是根据本校的学科专业设置和师生的教学科研活动而采购布局的。高校图书馆要向社会开放，就要面对不同类型的读者。社会读者的类型不同、知识层次不同，表现出的文献信息需求就不同，要求高校图书馆收藏适合于他们的文献信息，这就与高校图书馆文献信息的学科性和专业性发生冲突。

高校图书馆根据学校的性质不同，文献资源收藏的方向也有不同。为了保证高校的教学、科研和读者需求，文献信息资源建设都是紧紧围绕学校的教学、科研及学科建设和发展需要进行的。馆藏文献信息资源比较系统完整，注重学科理论和学术专著的入藏，内容比较专深；比较重视外文书刊的收藏，能反映出图书最新的学术动态和发展水平；为满足师生集中用书的要求，教学用书的入藏比例较大。而社会读者一般比较青睐于反应地方特色的文献信息以及儿童类、科普类、保健类的文献信息，这方面高校图书馆的馆藏资源又比较欠缺。所以，虽然高校图书馆的文献信息资源在数量和质量上都得到了保证，但是，由于专业性太强，无法为不同行业的读者服务，很难满足社会读者多种多样的文献信息需求。

高校图书馆利用自身的资源和信息优势，为当地社会经济服务，必然会涉及知识产权问题。知识产权实际上是限制信息自由广泛的传播,即信息资源共享是有条件的,是有偿的。图书馆在向社会开放服务的过程中,资源共享和知识产权的保护两者之间的关系比较难以处理[21]。

9. 地域因素

从我国高校的分布情况来看,一般都分布在经济、文化比较发达的城市,而处于农村地区的则非常少。但从信息和知识的需求状况分析,越是经济欠发达、交通不便地方的公众,知识信息需求的迫切性越强。从这一现象出发,高校图书馆社会化服务的主要群体不是在中心城市,而是处于城市边缘的弱势群体和边远地区的农民。有时高校图书馆有这个意识,但由于路途较远,交通不便,只好放弃。所以,地域环境是影响高校图书馆社会化服务的又一因素。

参考文献

[1] 王玉林,曾咏梅,崔然,等. 我国高校图书馆面向社会开放现状调查[J]. 图书与情报,2011(6).

[2][16] 祖力纳. 高校图书馆面向公众开放服务的现状调查[J]. 现代情报,2013(4).

[3] 欧亮,万慕晨. 我国“985 工程”高校图书馆向社会开放的调查分析[J]. 图书馆学研究,2015(4).

[4] 唐晓阳. “图书馆之城”建设中高校图书馆社会化信息服务刍议[J]. 高校图书馆工作,2015(4).

[5] 黎炳明. 北部湾经济区高校图书馆社会化信息服务能力调查分析[J]. 图书馆学刊,2014(1).

[6] 张杰. 高校图书馆服务社会化实证分析——以安徽地区三所省属高校为例[D]. 安徽大学,2015.

[7] 李栓民. 地方高校图书馆社会化服务的实践与探索[J]. 农业图书情报学刊,2011(7).

[8] 刘淑芹. 高校图书馆社会化服务观点纷争述评[J]. 情报探索,2010(8).

[9] 何小红,贾筱筱,丁鹏. 高校图书馆社会化信息服务模式研究[J]. 图书与情报,2015(3).

[10] 李宏伟,罗任秀,邱春兰.高校图书馆开展社会化服务的探讨及实践——以江西理工大学图书馆为例[J].江西图书馆学刊,2011(4).

[11] 裘定欣,钱婷,高莹莹.对高校图书馆信息服务社会化的思考[J].内蒙古科技与经济,2011(1).

[12] "图书馆法"[EB/OL].[2015-12-06].http://www.ncl.edu.tw/ct.asp?xItem=7611&CtNode=905&mp=2.

[13] 胡爱民,王文.台湾地区高校图书馆面向社会开放现状分析及其启示[J].图书情报工作,2015(14).

[14][15][17] 王宇.高校图书馆社会化服务研究[M].北京:中国社会科学出版社,2014.

[18][19] 丁学淑,丁振伟,马如宇.高校图书馆社会化服务的困难与障碍研究[J].图书情报工作,2014(7).

[20] 周澜.高校图书馆向社会开放的思考[J].图书情报工作,2008(7).

[21] 舒炎祥,钱薇.地方高校图书馆社会化服务的思考[J].绍兴文理学院学报,2009(4).

第七章　中外高校图书馆社会化服务的典型案例

近些年来,国内外涌现出许多高校图书馆社会化服务的典型案例,他们或在服务对象上,或在服务方式上,或在服务效果上,都有一定的代表性,代表了当下高校图书馆社会化服务的现实情况和主要特色。

一、国外高校图书馆社会化服务的典型案例

1. 美国麻省理工学院图书馆的社会化实践

美国麻省理工学院图书馆作为一所著名的大学图书馆,它为社会用户提供了开放自由、敞开利用文献的环境。

(1)制定了 MIT 图书馆的社会用户开放政策

美国麻省理工学院(MIT)图书馆[1]专门制定了面向公众开放的政策,政策明确规定:MIT 图书馆除了为本院师生的教育和科研服务外,还为波士顿市、全美国和世界范围的用户提供图书馆服务。MIT 图书馆规定社会用户可通过付费获得部分资源和服务,并给不同的社会用户提供了图书馆优惠卡(privilege card,简称 P-card),持卡者可享受 MIT 图书馆所能提供的图书借阅等绝大多数服务。MIT 图书馆所制定的社会用户开放政策中明确了不同社会用户的 P-cards 费用:普通社会用户每年为 $500,半年为 $350;校友 P-cards 费用为:每年 $150,半年 $90;还规定了社会用户的借阅期限,最长为四周。

(2)基于移动管理理念,开展了移动信息服务和电子阅读服务

MIT 图书馆基于移动阅读理念,开展了移动信息社会化服务。

MIT 图书馆的移动信息社会化服务主要提供校园个人目录、图书馆书目查询、校园地图、班车时刻表、校园大事纪要、用户账户动态报告、紧急信息、包括电子邮件、网络等基本技术服务等多项服务内容。

MIT 图书馆还针对目前大多数出版商都不允许学术图书馆用户将电子书刊下载到电子阅读设备上的现状,加大了与出版商的合作力度,以期最大限度满足用户所想要的各种电子内容,充分利用到 iPad、iPhone 和 iTouch 等电子阅读设备来提供电子阅读服务。另外还通过提供从波士顿公共图书馆、明顿图书馆网、Kindle 等免费获取电子书深化电子阅读服务。

(3)针对不同社会用户的信息需求,提供深层次服务

MIT 图书馆面向社会用户提供了馆际互借、信息咨询、多媒体资源服务、虚拟资源导航等多项深层次信息服务。信息咨询包括专家咨询、E-mail 咨询、电话咨询、主题咨询、小组讨论区等多种不同的服务形式,尤其值得一提的是,MIT 图书馆为满足学者独立研究和多人讨论精心设计了几十个小房间,有单人房和多人房,专供其研究时使用。虚拟资源导航服务面向不同用户提供了各类不同资源的集成,如:为政府工作人员提供了 GTEC Ottawa、InformationWeekGovernment、TechWeb. com 三类信息资源;为市场从业人员提供了 Advanced Trading、Bank Systems & Technology、Create Your Next Customer、Information Week Government 等九类信息资源。

(4)构建基于 DSpace 的 MIT 机构知识库

通过建立共享利用机制,MIT 图书馆构建了基于 DSpace 的机构知识库。该知识库可以长期保存和获得原生数字资源,收集、存储、索引、保存和发布任何格式的数字资源,为社会用户开放了 MIT 各类学术资源,提升了 MIT 图书馆在大学和研究机构中的学术地位,促进了学术与科研信息的利用与交流,建设学术共享空间。

(5)考虑到残疾用户,将信息服务范围推广至面向所有社会用户

MIT 图书馆致力于为残疾用户提供平等机会的原则,设置了专门的残疾用户服务办公室,对残疾用户的服务进行统筹规划、规范管理,

以确保残疾用户有平等接受 MIT 的任一馆信息服务的机会。在服务提供方面,MIT 图书馆为残疾用户提供了学科专家与个别磋商服务,残疾用户服务办公室还对残疾用户资料获取中所需要的复印费用等进行成本补助;在服务设施方面,MIT 图书馆配备了替代键盘、可为盲人或弱视用户大声朗读打印文本的阅读机、读取电脑文字的 JAWS 软件、可将正常大小的电脑屏幕文字和图形放大到二到十六倍的展文软件、盲文打字机、用于材料字幕观看的闭路视频、低视力视频放大镜、供记笔记有困难的用户所使用的便携式笔记设备等[2]。

2. 美国斯坦福大学图书馆的社会化实践

(1)细分用户类型,提供针对性服务

斯坦福大学图书馆(SULAIR)[3]将用户分为斯坦福用户、社会用户和残疾用户三大类,其中社会用户又分为个人用户、校友用户和机构用户三类。SULAIR 将社会用户所提供的付费服务分为入馆和借阅两种形式,并针对社会用户按照使用期限不同,分别从 12 个月、3 个月、1 个月和 1 天四种期限来制定使用收费表。并针对不同类别用户的特点与需求,专门开展了一些特别的服务。SULAIR 针对社会用户的不同,还建立了访客特权资格制度,明确了校友、其他高校师生、访问和独立学者和高中学生等访客与一般访客的不同使用权限。

SULAIR 的 20 多个馆都面向残疾用户提供了平等利用信息的服务条件与环境,包括梅尔图书馆、琼森图书馆、米勒海洋生物图书馆等,还专门为残疾用户设立了无障碍教育办公室,并配备了十名专职工作人员。这些馆充分考虑到不同残疾用户的特殊性,配备了辅助聆听设备、小型发射机和耳机的现场音效设备、音量控制电话、电话打字机等,提供了专门的工具协助他们学习,这也是 SULAIR 在信息服务上非常注重的方面。

(2)推出了学科专家团队、学科资源导航等高质量的咨询和信息服务模式

SULAIR 在用户咨询服务中,除提供了在线实时咨询、E-mail 咨

询、学科专家咨询等服务形式外,还会对用户可在网页上通过电子表格提出有关图书馆资源及其使用的问题在24小时内予以答复。非常值得一提的是SULAIR所设立的庞大学科专家服务团队,团队中大部分人都拥有博士学位,他们提供了先进的研究咨询工作。SULAIR将所有学科细分成航空和航天、生物工程、化学与化学工程、计算机科学、地球科学、数学、社会学、教育、韩国研究、美国研究、中东研究、中亚研究、东南亚研究等60多个类目和专题,并针对不同的学科类目和专题指定了一个或多个学科专家,用户可通过电子邮件、即时消息/聊天、电话等方式来获取某一学科领域的更多信息。

在学科资源导航服务中,SULAIR推出了人文学科信息服务系统、地理信息系统、大学档案和语言实验室等多个信息服务系统,如人文学科信息服务系统将与人文学科有关的数字全文文本资源、非流通的图书与光盘藏品清单、数字图像资源、网络资源、相关馆际互借服务以及课程参考资料储存服务等资源进行了整合,导引作用非常有效。

(3)基于开放存取理念,共建社会共享资源

SULAIR1995年与有影响的大学出版社、学会及10家信息技术机构合作开发了HighWire Press知识库,该知识库涉及工程技术、生命科学、社会科学、物理学等学科领域。HighWire Press采取了“非盈利出版服务”的灵活运营模式,在基于开放存取理念上,不干涉出版社的出版模式,并联合出版社探索了完全免费、免费测试期、滞后免费服务、在线付费服务等一系列出版模式。对于社会用户来说,可以通过HighWire Press知识库免费获取和使用大量的OA期刊。HighWire Press知识库不仅促进了信息资源的开放与共享,还提升了学术资源的交流效率以及SULAIR的服务品质。

(4)注重以人为本,倡导自由与互助并存的服务氛围

SULAIR空间设计以人为本,提供给用户大量的活动空间。SULAIR部分馆还设有专门的阅读区域和休闲区域,用户可以在指定区域吃食物和使用手机。SULAIR提供了查阅电子期刊使用的大屏幕、在线期刊搜索工具、电子公告栏、电子阅览器、自助借还、自助服务影

印机和打印机等设施，最大限度地考虑到了资源与用户之间的协调和舒适。SULAIR 还在馆入口醒目处放置了图书馆信息服务介绍，以方便用户了解图书馆资源及服务；在图书馆关闭时，用户可将资料放在图书馆门口的一个室外图书存放处。图书馆还设有若干个独立的研究空间和小组讨论室，创造了和谐的研究空间环境。SULAIR 从多方面给用户营造了一个优美的服务氛围，更加人性化地满足了用户需求[4]。

3. 阿肯色大学图书馆社会化服务实践

阿肯色大学成立于 1927 年，是北美一所拥有 15 个学院、1900 人以上全职和兼职教工的公立高等教育机构，其教育经费是州资助并有独立运行机制。阿肯色大学校园内人数众多、类型多样，非传统型、非全日制的学生占 47%，其交换生的数量超过国内任何一所四年制的大学，绝大部分（92%）的学生采取走读方式接受教育，56% 的学生年龄在 25 岁以上，70% 的学生在注册前都已经在一个或者更多的学院学习过。由于从学生身份变换到社会读者再回到学生是被允许的，因此奥坦海美图书馆读者记录中的学生和社会读者的身份转换现象很频繁。

阿肯色大学地处市区，在高等教育之外它还承担着对社会开放、服务普通市民的重要角色。大学的教育方针、学术研究、工作职责、服务目标等都体现出满足现代都市、服务普通市民需求的社会化服务内容。

2007 年阿肯色大学奥坦海美图书馆做出一项决定，将免费借阅的权利延伸至所有社会成员。服务内容包括馆藏资源借阅权（可借阅的所有文献载体）、参考资料（电子版和纸质版）和图书馆内其他非流通资料使用权等；社会读者还可以使用图书馆的计算机连接互联网，目的在于提升大学图书馆的亲民形象和吸引社会捐助。

（1）奥坦海美图书馆 1988 年 6 月 1 日对社会读者的图书借阅权予以限制，规定：对于关系读者（阿肯色大学教职员工配偶和家属，当地、阿肯色州政府、联邦官员、公司的雇员等）和访问学者（享受借阅项目互惠协议的大学图书馆联盟的师生），他们持相应文件可以享受免费借阅权，借阅权是每学期可以累计借阅量20种以内，一共可以借阅的次数为10次(2本/次)。帕尔斯科县的所有19岁以上居民可以享受收费服务。在注册登记并付费25美元/每学期后，持读者卡就可以享受10次累计20册以内的文献借阅服务(2本/次)；50美元/年就可以文献借阅30次(2本/次)。而对于普通公众，则欢迎他们光临并使用图书馆的资源，但是图书馆不提供文献借阅权。

（2）一段时间以后社会读者的类别增多，条款中的收费标准、借阅限制等内容显得不够完整和随意性比较大。1990年5月图书馆成立了"图书馆之友"协会。只要社会读者加入该协会（会费30美元）就拥有奥坦海美图书馆图书借阅权；还规定校友会成员和大学历史学院人员可以享受优惠服务；大学图书馆联盟的师生仍然享受免费服务。鉴于阿肯色大学校园众多学生身份变换频繁，他们的免费借阅权被限定在实际注册学生身份期间。

（3）2005年，奥坦海美图书馆停止直接收费而推荐社会读者加入"图书馆之友"来满足他们借阅图书的需求，社会读者只要交纳会费20美元就可以终身享受图书馆的资源和借阅图书的权利。事实上"图书馆之友"协会在2002年就停止了活动，并于2008年解散，实际社会读者加入的协会空有虚名而已。

(4)2007年7月1日，图书馆停止了对社会读者的借阅收费（直接收费和会员收费），社会读者被简化分为大学图书馆联盟师生和"图书馆之友"会员两种，二者都免费拥有奥坦海美图书馆馆藏资源的使用权和借阅权。社会读者的办理借阅手续也简化了，在社会读者第一次访问奥坦海美图书馆的时候，只需要出示州政府签发的有照片的身份证明，并填写协会会员申请表就可以获得文献资源借阅的权利。此外奥坦海美图书馆还放宽了流通部的流通政策，无论是借阅的数量还是借阅的期限上都超过以前，每次不仅可以借阅10本，还可以再续借3次，借阅的期限等同在校师生，都是28天[5]。

4. 美国哈佛大学图书馆社会化服务实践

早在2005年,哈佛大学图书馆便开始与世界知名搜索引擎公司Google合作,尝试信息服务的社会化。在合作过程中,哈佛意识到这种合作并不能从根本上解决自身所存在的问题。如果图书馆不从根本上进行改革,将彻底被时代所淘汰。

2011年8月,哈佛图书馆成立了专门的组织结构重组工作小组,从而标志着哈佛图书馆正式开始了它的转型之战。哈佛图书馆工作组从用户实际的信息需求入手,分析了哈佛70余座图书馆的运营情况及其在信息服务方面存在的缺陷,确立了信息服务社会化的发展方针,以及建立统一管理的组织机构。在此基础上,将哈佛图书馆的信息服务划分为三大板块:信息存取服务、信息技术服务以及信息数字化服务。在新的组织结构下,哈佛70余座图书馆实现了信息资源共享以及系统内部资源的整合。新的组织结构从根本上改善了哈佛图书馆的工作流程、决策方式以及执行效率,从而为系统内部的有效沟通与协作提供了重要的保障。

2012年8月哈佛图书馆重磅推出了自己的门户网站:Library Portal。Library Portal在设计上从用户体验出发,采用大量先进的信息技术和媒体技术。网站首页设计简洁,检索区位于网页中心位置。不难发现,其首页设计在一定程度上借鉴了Google的设计风格。用户在网站上可以检索到哈佛图书馆全部的书目记录、自建库信息、数字资源信息、开放式存取资源信息、常春藤高校图书馆联盟的书目、Google book的书目以及World Cat等30余个数据库信息。检索区右侧是图书馆信息资源区,用户可以从中获得哈佛图书馆系统内70余座图书馆的具体信息,包括:图书馆地点、开馆时间、馆藏情况、所属院系、主题类型以及图书馆内部的服务情况。

哈佛大学图书馆的服务模式主要有:

①面向社会的学术协助服务。哈佛图书馆为本校及社会上的学术工作者提供数据管理方案制定以及数据监督等信息服务项目。具

体包括数字管理平台的测试服务、数字资源保存技术的供应服务以及版权问题的咨询服务等。

②成立高校图书馆联盟。2011年,哈佛大学加入了常春藤高校图书馆联盟。由此,哈佛的用户可以从哈佛图书馆网站上搜索到5000万份的文献记录,并可以获得在线预约服务。同年,哈佛图书馆加入了HathTirust数字图书馆联盟,这一联盟由美国60多家公共图书馆组成,现有数字资源790万份。同年,哈佛与麻省理工学院结盟,并由此获得了近2000万份的学术资源。哈佛大学在获得学术资源的同时,也大量分享自己的资源,从而在最大限度上实现了信息服务的社会化。

③成立专门的信息服务创新机构。哈佛图书馆在转型过程中深刻意识到创新的重要性,因而成立了专门的信息服务创新机构体系,其主要包括:图书馆创新工作小组,其专门从事图书馆信息服务创新的调研工作。创新实验室,其专门从事信息技术在图书馆领域中的应用研究。由于哈佛图书馆信息服务社会化程度的不断加深,图书馆的服务对象将更为多元化和全球化,因此需要更多更为实用的信息服务产品,以满足不同层次用户的需求[6]。

5. 英国高校图书馆社会化服务

英国的高校图书馆一直有向社会开放的悠久历史和传统,一般的高校图书馆从建校起就向社会开放。虽然近些年英国经济不景气,其教育经费也被大幅度削减,但英国高校图书馆为社会服务的宗旨一直没有变过,而且还在不断地发展和创新。

大学图书馆把本校师生员工以外的读者,叫作外来读者(externai uses),有专门的部门负责这项工作。大学图书馆原来的开放办法是:本校的历届毕业生都可以免费领取外来读者卡,其他的任何人或团体均可申请外来读者卡,但要缴一定的费用。各学校图书馆收费的标准是自己制定的。设菲尔大学图书馆的收费标准是:个人读者25英镑一年,团体读者45英镑一年。外来读者的权利与校内的其他读者一样,可以免费使用图书馆的一切服务和设备,如:计算机系统、复印机、激光数据库等。不同的是外来读者在借阅的数量和期限上有限制,如:在校生一次可借15—30本,外来读者一次只能借5本;在校生可借1—3月,外来读者只可借3个星期。

英国的大学与社会保持非常密切的联系,图书馆是他们与社会保持联系,为社会服务和争取社会支持的一个渠道。他们一开始的开放目的就是让原来的毕业生走向社会以后,仍然经常想着母校,为母校的发展出力,大学生、研究生毕业后,很多人就职于各大公司、大企业,也有步入政界、财经界,有一定的社会地位和决策权。他们可以为学校带来新的研究项目、基金或捐赠,因此,各大学图书馆对本校毕业生的门一直是敞开的。

大学图书馆开放以后,图书馆的工作与平时没有多大变化,增加的工作量也并不像想象的那么大,因为这儿的图书馆一般都是开架的,自助式服务的。图书馆内的复印机、电脑检索系统、激光数据库检索系统等都是无人照看的,由读者自己操作。图书馆内有明确的告示牌、方位图和信息系统,读者如不会用的话,一看就会。他们使用图书馆的能力也是比较强的,如需要特殊服务或专业咨询的话,一般要先打电话通知、预约,这样图书馆可以有所准备[7]。

6. 德国高校图书馆社会化服务

德国很多城市被称为大学城,大学校舍分布在城市各地,城市在各方面为大学师生提供服务和方便,大学和图书馆也担负着向全社会传播思想、文化和提供服务的责任,因此面向全社会开放,尽可能为社会融为一体,因此很多高校图书馆同时承担着州立图书馆或市图书馆的职责[8]。

全德图书馆联借网是全国各大学图书馆、地方公共图书馆及所有专业图书馆都参加的联借网,联借办理本馆借不到的文献。联借网服务范围遍及全德国,共有7个联借区,各有一套中心图书馆目录,几乎每个城市还有一个图书馆办理联借业务。联借单经图书馆工作人员确认没有馆藏后寄到本区域的联借网点，把联借单转到有关馆，若本区范围内不能解决，则沿联借运行线出区逐层向上传递，直到国内专业图书馆，甚至最后进入国际联借网[9]。

特利尔大学图书馆从1970年建校开始，经过20年的扩建，到1993年基本形成现在的格局。目前，图书馆面积18 640平方米，集中在4幢综合楼的第二、三层，分为6个部分：A、B、C、D、E、BZ（中心区），有6个出入口。2000年，特利尔大学馆藏书刊总量为149.7万册，其中，图书110.4万册，合订本期刊27.4万册，另有缩微胶卷稿本、声像带等11.9万份和624册用莎草纸缮写的古埃及珍贵文稿。

特利尔大学图书馆的服务对象并不仅限于本校师生，任何对图书馆有兴趣的市民，甚至包括外地读者，都可以前往浏览或借阅。据统计，1999年特利尔大学图书馆约有2.2万名登记读者，其中经常前来借阅的所谓读者有1.3万人，全年借出图书45.71万册（不包括延长借阅的）。另外，1999年全年远程借阅达2万多册[10]。

在德国，不论是公共图书馆还是高校图书馆，都以创新服务让读者满意图书馆为己任。例如，法兰克福大学图书馆全天候向校外读者开放。每到双休日、节假日、寒暑假，可以看到有很多学习型家庭式成员、学习型组织式社团，如夫妻双双、祖孙三代、儿童在家长陪同下，带队组团来图书馆读书学习、阅览与休闲。

为了吸引更多的读者加入图书馆读书学习的行列，他们实地开展了多种读书活动和特色服务，诸如：

以读者“信息服务”为中心的服务管理模式。这种服务管理模式，包括服务理念、服务目标、服务内容、服务方式、服务管理、服务环境等，从“信息资源”走向“信息服务”和“知识服务”内容，采取与读者邮件形式和电话通知方式，约定具体的时间、地点、活动项目和服务内容沟通。

以导读方式提高图书利用率，即在借阅过程中，利用导读方式指导读者选书，使读者节省了阅读待选图书的时间，还可凭借导读使读者进行欣赏、达到恳读愿望。充分利用图书馆橱窗、黑板报、墙报、宣传栏、大屏幕滚动等空间进行宣传，以“读者园地”“导读栏目”“读书心得选评”等形式，让读者尽快熟悉书评内容，提高读者的阅读效率。还组织了书评导读协会、撰写书评协会和书评心得论谈会，与著书作者、读者互动，吸引了许多喜欢阅读的读者。

定期组织各种类型的活动，吸引读者到图书馆参加活动。如读书演讲比赛、智力竞赛、读书评选活动会、儿童读书成果画展、读书家庭亲子大型游戏活动会等。每次活动都有丰厚的奖品以供抽奖，还根据读者需求，开展针对性特色信息服务，帮助读者解决现实问题。另外，德国各高校图书馆个个都是绿色植物的海洋，并具有典雅舒适、厚重高贵、风格别具、宽畅明亮、窗明几净、名人格言与油画张贴艺术气氛的馆舍，为了便于读者学习、借阅与消遣，休闲功能做得很到位。再就是，图书馆要求工作人员必须会三种语言，来服务读者语言问题上的障碍[11]。

7. 加拿大高校图书馆社会化服务

加拿大图书馆最早受英、法文化的影响，后来则一直处于美国的强大影响之下，几乎在图书馆事业的各个领域都仿照美国同行的模式。加拿大的大学也是没有围墙的大学，任何人都可以进出，部分高校图书馆也会直接办成省或地区的中心图书馆，所有高校图书馆都对公众开放，如需借阅只需付费办理借阅证即可。

加拿大高校图书馆网站一般把校外人员分为校友、社区人员、公司人员、加拿大其他高校读者、校外个人等。加拿大高校图书馆的校友服务已发展成为极具特色的服务。校友使用图书馆的资源首先需要拥有图书馆的有效证件，而校友获得图书馆的有效证件主要有两种方式：①获得毕业证后，原来的学生卡自动转为可以享受校友借阅权的校友借阅卡，如西蒙菲沙大学图书馆；②凭校友卡在图书馆进行注册，即拥有借阅权限，如布鲁克大学图书馆。

加拿大高校图书馆面向与高校在同一区域的居民的服务主要以文献借阅为主，居民借阅文献需要办理图书馆的借阅卡，但多数图书馆提供的借阅卡需要付费。例如,女皇大学图书馆针对成年居民办理借阅卡的收费标准为每人每年50美元或每6个月30美元或每4个月20美元,读者可以自行选择该卡的借阅期限;西蒙菲沙大学图书馆各个分馆的流通服务台均可以为大学城居民免费办理借阅卡,借阅卡的有效期为一年。女皇大学图书馆除了为居民提供借阅服务外,还提供复印服务、研究帮助服务,其专业分馆为区域内的专业技术人员提供专门的信息服务。温莎地区的温莎大学图书馆和圣克莱尔学院图书馆实现了馆际互借协作,安大略省的布鲁克大学图书馆和尼亚加拉学院图书馆实现了馆际互借协作。

加拿大高校图书馆为中学生及中学教师提供的服务以图书借阅为主,并针对中学生开展图书馆资源与利用的相关介绍服务。例如,滑铁卢大学图书馆为滑铁卢地区的中学生提供借阅服务,中学生需要凭校长或学校图书馆员关于其需要使用高校图书馆文献的介绍信,在当年9月1日至下一年的6月15日期间利用滑铁卢大学图书馆的资源。中学生可以从滑铁卢大学图书馆、劳里埃大学图书馆和圭尔夫大学图书馆中的任何一个图书馆借阅正常流通的图书,借阅期限为两周,并且可以在没有其他人召回借书的情况下无限期地续借图书。

加拿大高校图书馆面向公司人员的服务包括借阅服务和信息服务等。例如,维多利亚大学图书馆允许每个公司以公司的名义办理3张借阅卡,办理借阅卡的费用分为每4个月50美元、每8个月100美元、每年150美元3种;西蒙菲沙大学图书馆为每个公司办理借阅卡的费用是每年200美元,该公司人员可以获取研究帮助、借阅基本的流通文献、在图书馆内查阅规定的电子资源等。

加拿大高校图书馆建立了广泛的馆际互借协作关系,例如,肯高迪亚大学图书馆为加拿大其他高校读者提供借阅服务,任何参与馆际互借协作的高校教师、职工、研究生都有资格获取互借权限。馆际互借协议适用于那些持有由如下机构发放的介绍卡的读者:魁北克大学校长理事会、安大略高校图书馆理事会、太平洋大学图书馆理事会、大西洋大学图书馆理事会等。读者出示所在机构发放的上述介绍卡及个人有效证件，即可以获得肯高迪亚大学图书馆的借阅卡，借阅卡有效期为自发放之日至当年的9月30日[12]。

8. 日本山口大学图书馆社会化服务

日本高校图书馆凭借齐全的功能、先进的设备、丰富的资源和专业的服务，成为社会公众学习的好场所，为高校周围区域社会的知识创新及市民的终身教育做出了巨大贡献[13]。

山口大学是一所国立综合性大学，位于日本山口县山口市。山口县位于日本本州最西端，全县人口151万，面积6110.83平方公里。三面环海，是日本明治维新的胎动之地，曾出过八位日本首相。首府山口市。山口大学图书馆采用总分馆制度，由综合图书馆、医学部图书馆和工学部图书馆三馆组成图书馆群，总馆管辖分馆。各馆藏根据院系的设置和研究方向不同而有所侧重，分馆馆藏特色明显侧重于所服务院系的专业。

山口大学图书馆1987年4月开始馆藏公开，服务于社会，但仅限于室内阅览、复印、查询等服务。1998年1月开始实施图书外借服务，同时馆藏目录社会公开，任何人可以通过网络检索，自由地利用大学图书馆所收藏的学术性文献信息资源。2000年1月山口县内5所大学图书馆联盟成立，各馆间加强交流合作，信息资源共知、共建、共享，实施馆际互借。同一地域图书馆联盟的建立有利于大学图书馆社会化服务的开展。2002年4月县内公共图书馆与大学图书馆联合，成立山口县内图书馆横断检索系统[14]。利用网络技术向用户提供广泛的信息服务，促进信息资源的有效利用，缔结山口县大学图书馆联盟。由县内的国立大学、公立大学、私立大学共16所大学图书馆组成。联盟图书馆对社会公开利用范围：提供馆内阅览达100%，提供馆外借阅占81.3%，提供文献复印达100%，提供参考咨询服务达100%[15]。山口大学医学部图书馆作为县内医疗情报中心，形成特色医学馆藏体系。根据学科专业为社区，地域提供特色服务，解决实际问题。

建立图书馆联盟,形成各种横向、纵向的各级各类图书馆体系,为学术的发展、地域的振兴提供信息资源,保障全体社会成员普遍均等地享有图书馆服务。不同类型、不同层次、不同隶属图书馆之间相互合作,.馆际互借,信息共知,资源共建共享[16]。用户在其中任何一馆都能检索到图书资料目录和办理借阅手续,可以用一个检索系统打开多个数据库,实现在多个服务器上横向检索。

目前,任何人不受任何限制都可以自带书包进入图书馆,凭有效证件用户可以随时免费办理图书借阅证。图书馆提供馆内阅览、图书借阅、复印、情报检索、参考咨询、文献传递等服务。馆内设置自助借出返还装置、投币式自助复印机,用户可根据各自的需要自助借还书,复制所需资料。馆内设置参考咨询服务台,有专人负责解答前来咨询的用户提出的各种各样的问题,帮助用户利用馆内的设施查找文献资料。用户可在任何时间、地点,通过电话和信函咨询问题查找图书资料或利用电子邮件向图书馆咨询人员提出问题、查询图书资料或办理图书预借手续。图书馆经常举办各种讲座、印发使用手册等,使用户能够对图书馆的资料运用自如,高效地找到相关的资料。延长开馆时间、节假日开馆等措施方便校外用户,预约、续借、还书等实行 24 小时服务。同时为残疾人设置特制通道等便利设施,体现图书馆对各种类型利用者的人文关怀[17]。

9. 韩国高校图书馆社会化服务

韩国高校图书馆从 1994 年开始对外开放。首次对外开放的大学图书馆是全南地区的韩国大佛大学图书馆,是一所私立大学,对每个居民可借图书数量限制为 2 册,借期为 7 日。每本书每延期还书一天,就需要交滞纳金 100 韩元,与本校校内读者适用相同规定。韩国 80% 的高校图书馆对居民开放,提供文献的阅览、借阅,甚至移动设备免费借用和外文书籍借阅[18]。其中启明大学童山图书馆较有代表性。

启明大学童山图书馆从 1999 年 10 月开始完全对外开放。突出地表现在居民利用率较高，文学和社会科学图书深受居民青睐，居民读者年龄分布不均衡，校外读者的过期率较低等。

有学者对该图书馆的居民利用情况进行了统计分析。1999 年 3 个月当中 559 人次居民利用了图书馆，最多的 11 月 209 人次，月均约 190 人次；2000 年全年居民利用图书馆共计有 2570 人次，月均 214 人次，借出最多的月份是 3、4、10 月达到 246—255 人次。注册在启明大学的地区居民读者有 1300 人，这些居民中，借出一次以上的大约有 800 人，说明总的利用者数量里有重复的人次；2001 年利用者共计 2906 人次，月均 242 人，比上年增加 30 人次，最多的月份是 4、5、8、11 月，显示 267—271 人次；2002 年 4、5 月为多，分别为 273 人次和 262 人次，1 月至 5 月总计 1170 人次，月均 234 人次，除 2 月以外比较平均。20 个月的数据说明读者利用率在稳步上升。

统计结果显示 1999 年 10 月至 2002 年 5 月共借出图书 11 622 册，月均借出 350 册，月均利用者 230 人次，人均利用约 1.5 册，达到较好的水平。借书种类，文学和社会科学的比率高，文学类图书占月均借出量的 1/4 至 1/3。开放初期文学类图书的借出量最多，后来其他类图书也逐渐增加，社会科学类增长幅度很大，有时超过文学类借出量，除了文学和社会科学类以外，总类和技术科学类借书量也在增加。

启明大学童山图书馆的地区居民利用者的年龄，1300 人中 20—29 岁的有 493 名，30—39 岁的 535 名，40—49 岁的 177 人，50—59 岁的 43 人，60 岁以上的 22 人，20—39 岁的年轻人占的比例很高。地区居民读者性别分布基本均衡，1300 名读者中男 634 名、女 636 名[19]。

韩国高校图书馆读者可以刷卡自由出入，有些大学取消了门禁，更为开放地面向大众服务。韩国政府及社会地方各界都在经济等方面给予高校图书馆足够资金和政策支持，使韩国高校图书馆拥有完善的基础设施、海量的图书、现代化的硬件设施、先进的计算机网络系统。

二、国内高校图书馆社会化服务的典型案例

进入21世纪以来,我国高校图书馆社会化服务的理论逐渐加深,实践运用也被充分地得到重视,许多高校图书馆纷纷打破藩篱,走向社会,以多种方式服务于社会。这里只摘取几个典型代表,采撷几片浪花,把高校图书馆社会化服务的典型特色做一展示。

1. 广州大学图书馆

广州大学图书馆2000年由广州师范学院、原广州大学、华南建设学院(西院)、广州教育学院及广州师范专科学校等院校图书馆合并组建而成。2005年整体迁入广州大学城新建馆舍。广州大学新图书馆建筑面积5.6万平方米,其单体馆舍面积堪称全国高校图书馆之最。

广州大学在2000年合并组建之初,就提出了"立足广州,面向广东,辐射海内外,服务社会"的发展目标。图书馆在实施《普通高等学校图书馆规程》及紧紧围绕学校发展总目标开展工作的过程中,在为本校教学、科研和管理提供优质文献保障服务的同时,有必要、有义务、有能力拓展图书馆功能,为促进地方政治、经济及文化发展做出贡献。广州大学图书馆近年在为广东省、广州市有关部门及各区政府提供信息服务中做出了可喜的成绩,取得了显著的社会效益和经济效益,被有关专业期刊评价为"全国地方高校图书馆的一面旗帜"[20]。

广州大学图书馆社会化信息服务主要面向本地集团客户,10多年来先后为省、市、区级30多个不同政府部门及其他企事业单位提供过服务,建立了信息开发、业务外包、合作共建、资源共享、业务扶持5种服务模式,形成了以信息速递、信息汇编、舆情分析、专题数据库为代表的舆情信息服务体系,编撰了包括综合性、专题性、分析性在内的多种信息产品[21]。

自2002年3月起,广州大学图书馆受中共广州市委对外宣传小

组办公室、广州市人民政府新闻办公室的委托，为其提供涉穗新闻综合信息及专题信息服务。

经过近一年的推进，在原有工作基础上，广州大学图书馆于2003年下半年自行开发并建成了“媒体眼中的广州”新闻资料全文数据库。该数据库全面、系统地收集境内外中、外文媒体关注广州政治、经济、社会、民生、城建及科教文卫等发展情况的有关报道，供用户从标题、关键词、媒体名称、时间等入口查找相关资料。作为自建特色数据库，“媒体眼中的广州”新闻全文数据库在此领域中当属首创。图书馆依托这个拥有80多万条信息的专题数据库提供的综合性、专题性信息产品受到用户欢迎；定期写作的“港澳台媒体涉穗舆情分析”“海外媒体涉穗舆情分析”等新闻舆情研究分析报告，得到了上级有关部门的充分肯定。就一个地区做定期新闻舆论情况分析，国内只有少数大城市如上海、天津、北京的对外宣传部门在做此项工作。

2004年11月25日，广州大学图书馆邀请广州市委宣传部、广州市委办公厅、广州市人大办公厅、广州市政府有关部、委、局、办及广州各区委宣传部共20余位新闻官员，与图书馆学界专家学者聚集一堂，就“图书馆对媒体信息开发与利用”主题进行交流研讨，并举行“广州大学信息研究所”成立挂牌仪式。会议了解到，此前有的单位信息工作长期停滞在“手工作坊”阶段：设立一个机构，配备几名工作人员，订阅几种报刊，剪刀加糨糊，拼凑一份剪报版面，复印若干宣传资料，投入了相当的人力财力，效果往往不尽如人意。广州大学图书馆的以现代计算机网络和专题数据库为支撑的信息服务模式对改变“手工作坊”工作方式和信息理念起到了至关重要的作用。

广州市档案局于2006年开始与图书馆进行信息服务合作，基于图书馆资料丰富的自建特色数据库与优秀服务业绩而不断深化，2007年正式将档案局近10年的人物数据库建设项目外包给广州大学图书馆。包括广州市政府系统32个局、委、部、办“一站式”现场办公的“广州市人民政府政务服务中心”，是目前国内大城市中政务公开最全面的政府与公众连接平台，为市民和境内外企业提供法律、政策、资讯、政务等多种形式的咨询与服务。

经过6年的社会信息化服务实践,目前广州大学图书馆已常年为属地省、市政府10个厅、局、委、部、办和3个区政府提供综合性、专题性信息产品和舆情分析报告;与省市有关单位合作共建了对市民开放的广东省立中山图书馆桂花分馆1间,为市民和企业服务的广州市政务服务中心经贸资讯厅(馆)1间,对校内校外同时开放的广州市廉政信息研究中心1间;与驻穗某部队合作共建面向部队官兵开放的军营图书馆1间;编辑面向社会服务的出版物2种,并在本专业领域中承接了诸如"(广州)萝岗区图书馆事业发展规划研究""广东外来工信息服务研究"一类的社会服务科研课题多项[22]。

广州大学图书馆与广东省立中山图书馆合作,双方共同协商、共同出资、共同建设广州大学图书馆桂花岗分馆暨中山图书馆桂花岗社区分馆,供学校和社会共同使用[23]。

2. 新疆石河子大学图书馆

石河子大学图书馆由原石河子农学院、石河子医学院、新疆生产建设兵团教育学院三家图书馆于1996年9月合并而成。1999年9月建成逸夫图书馆,2013年4月中心馆改扩建完成,正式投入使用。现有1个总馆,3个分馆,20个专业馆。总面积52 000平方米,阅览座位5066席,藏书总量300万册,各类数据库四十余种。拥有2个站点、3个中心:新疆维吾尔自治区科技查新站、国家科技图书文献中心(NSTL)新疆生产建设兵团服务站、新疆生产建设兵团知识产权信息中心、地方专利信息服务中心、大学数字图书馆国际合作计划(CADAL)新疆兵团服务中心,是中国高等教育文献保障系统(CALIS)成员馆、中国高校人文社会科学文献中心(CASHL)成员馆。石河子大学图书馆自建局域网中心,面积约250平方米,应用汇文自动化管理系统,采用书、刊、报混排的开放管理模式,合并图书流通和期刊阅览,采用大开间、大开架布局,实现藏、借、阅、检、询一体化服务。采取"分借通还"的借阅方式,实现"以人为本"的服务理念。馆内拥有一支年轻的文化素质较高的专业队伍，现有工作人员106人，其中在编在岗68人，编制外聘用人员38人，拥有高级职称20人、中级职称29人，博士研究生2人，硕士研究生10人。他们在图书馆学、情报学的理论实践方面，在为教学、科研服务及传播科技信息方面做出了极大努力，成绩斐然。

石河子大学图书馆紧密结合馆藏特色资源，组织专业人员，面向社会提供各类科技查新、专利信息、文献传递以及用户培训等服务，并与新疆农垦科学院信息所、塔里木大学图书馆建立了良好的合作关系。同时，石河子大学图书馆利用新疆生产建设兵团中外专利信息服务平台为兵团各科研单位和企业提供专利信息检索服务，提高兵团专利申请的数量和质量。仅以2012年为例，兵团专利申请704件，比上年同期增长54.73%，专利授权425件，比上年同期增长52.33%。2013年11月19日，兵团知识产权信息中心与中恒高博科技资讯与服务有限公司工作人员来到石河子开发区北工业园区和经济开发区企业，开展了走访、宣传、咨询服务。11月8日上午，图书馆第二党支部按《2013年度军民共建计划》安排，为某部队官兵举办心理知识辅导讲座[24]。

石河子大学图书馆于2011年成立特藏部，由原兵团地方文献、新疆屯垦戍边文献、中亚文献、古籍文献的收集、整理、开发、利用及保护工作，为新疆兵团的经济、政治、文化、教育和屯垦戍边研究提供文献资料保障。形成以“兵团文献、中亚文献为主，古籍文献及珍稀文献为辅”的藏书特色[25]。

近年来，石河子大学图书馆在农业文献信息资源的开发方面，主要做的工作有：第一，对于相关的中文农业科学图书几乎全部购买，收藏较为系统，学术水平相对较高。在外文文献的采购方面，主要针对权威的出版社、权威的研究机构的出版物予以重点关注。第二，在做好农业科学类文献资源建设的同时，对于生物科学，支持文献也做重点收藏，这样既符合学科自身发展的需要，也适应现在学科相互渗透、相携发展的需要。第三，积极做好新疆特色农业数据库的自建工作。

2009年石河子大学建成“新疆棉花植保”数据库，为新疆棉花的研究创造了条件。在今后，还将继续深化农业科学学科的调研工作，加大外文资料的采集力度，尤其要加强包括作物遗传与育种学、作物栽培学、动物遗传育种、动物繁殖、动物营养、兽医学等文献资料的采集力度，以及做好交叉学科文献的收集工作[26]。另外，石河子大学图书馆还开发研制出了图文并茂的“石河子大学农作物害虫标本数据库”，全库采用了国际流行的全息检索技术，具有多种运算方式，检索速度快捷、用户界面友好，是农作物害虫的准确识别与正确防治信息的工具，本数据库的研制和开发对图书馆特色数据库的建设进行了有意义的实践[27]。

相对本地区其他研究机构的图书馆，石河子大学图书馆的文献信息资料还是非常丰富的，同时也为校外的用户提供着大量的农业文献信息资源。这些用户主要是本地及周边农牧团场的农技推广人员和农业科研机构的科研人员。他们对农业技术类和农业科普类的文献信息资源的需求量较大，另外，也非常关注农业科技的最新动态。图书馆主要通过定期向校外用户免费开放，并提供相应的信息咨询服务平台，使其更为方便地找到所需要的各类信息资源；同时，图书馆还利用馆际互借的渠道，与其他图书馆进行信息业务的交流，更好地帮助农业用户查找到自己所需要的相关文献信息资源[28]。

3. 广西大学图书馆

广西大学图书馆作为广西唯一一所入选国家211工程的高校图书馆，积极转变观念，主动走出校门，探求与广西经济发展相结合的路子，利用先进的技术、设备、人力在20世纪90年代初开始大胆探索提供社会化服务之路，长期与高校图书馆开展馆际互借，对校外读者提供借阅服务，并取得了长足的发展，受到社会各界以及广大读者的好评。

广西大学图书馆现有馆藏文献总量544万册（含学院资料室），其中印刷型图书332万册，电子图书212万册，全文电子期刊20 000种，形成了涵盖哲、经、法、文、理、工、农、管、教九大学科门类相结合的多科性、多层次、多载体且特色明显，专业性强、学科门类齐全、情报价值较高，能为广大情报信息用户提供高效准确的信息源。

广西大学图书馆从建筑、设施，到服务功能、管理模式，都基本上与国际接轨，体现了全新的理念：大开间，全开架，密集书架与普通书架每层交错，藏、借、阅、检、管一体化，允许带包入馆，每天从 7:50 连续开馆至 22:30，每周开放达 101 小时（教育部规定为 70 小时/周），极大地便利了师生员工，高峰期每天入馆人次超过 10 000。除提供常规的书刊借阅服务外，图书馆还可提供网络“24 ×7”馆藏书目信息查询、新书通报、光盘与网络数据库检索、多媒体资源浏览、参考咨询、馆际互借与文献传递、读者培训、学科专题信息导航等形式多样的电子信息服务，以及科技查新、代查代检、定题服务等深层次信息服务。

在学校图书馆办理借阅证，手续简化，校外人员凭所在单位证明及个人身份证，交纳一定的管理费、工本费和押金，就可以使用图书馆各种资源和享受各类服务。从 2002 年对校外人员开放以来，学校图书馆接待校外人员的数量呈逐年上升，借阅量也呈逐年上升趋势。截至 2012 年底校外读者可用证件数为 900 人，校外读者的借阅量也比较高，仅“借书”一项就达到 19 200 册，平均每人每年 10.6 册。在图书馆办证的读者不仅可以阅览本馆所有资源，借阅大部分书籍，同时还可以享受图书馆的咨询服务、科题查新、查收查引、论文检测、文献传递与馆际互借以及各种网络资源的利用，等等。

信息咨询服务是图书馆开展嵌入式服务的重要内容之一，为政府部门以及企事业单位提供各种决策服务、信息服务、馆际互借、参考咨询等。该馆长期设有专门的咨询部，为读者提供面对面的信息咨询服务，还设立 E-mail、QQ、电话、网上留言等实时咨询窗口，咨询员可以及时解答读者提出有关图书馆资源与服务方面的问题。同时各归口库室还设有专门的咨询台，有针对性地解决读者在借阅过程中产生的疑问和信息咨询。

科题查新服务是该馆为读者服务一个重要窗口，广西大学图书馆开展查新工作历史悠久,早在 1992 年就已经成为广西区科委认定的省级科技查新机构,是广西高校率先取得区内科技查新资质的咨询机构之一。多年来,校图书馆依托丰富的馆藏文献资源为各高校或企业、研究所提供课题查新服务,主动参与社会各界开展的科研课题,协助查阅和提供与课题研究相关的文献资料,跟踪查新世界各地有关本课题和研究进展情况。校外课题的数量每年呈翻倍上升,并且占据整个课题查新量的 60% 左右。

学校图书馆顺应广西经济发展的需要,探索资源共建共享,取长补短,充实馆藏资源和提升服务层次,与其他高校图书馆开展馆际互借,为校内外读者开展文献传递工作。广西大学已经与北京大学、中山大学、南京大学、复旦大学、武汉大学、吉林大学等国内高校图书馆建立了文献传递关系,通过 CCC. CALIS 西文期刊目次数据库、全国高校馆藏 CALIS 联合目录、国家科技图书文献中心、中国高校人文社会科学文献中心 CASHL、全国期刊联合目录、读秀学术搜索、各馆际互借合作单位图书馆馆藏书目及数据库检索等文献传递服务系统检索需要的文献。

广西大学图书馆是广西高等学校图书情报工作委员会、广西高教会图书馆专业委员会的秘书处所在地,与其他高校图书馆保持了长期的合作共享关系,为广西文化发展、东盟区建设做出了积极贡献。该校图书馆加强了与其他广西高校图书馆的对口交流工作,如与玉林师范学院图书馆、饮州学院图书馆、广西民族师院图书馆等合作共建、互扶互帮。与广西电力线路器材厂、塘填文化广播电视站进行结对共建,为他们提供科技信息服务[29]。

4. 粤西高校图书馆

粤西是广东西部的简称,包括湛江、茂名、阳江三个地级市,是广东省“十二五”规划重点扶持和重点建设的区域,是全省重要的经济增长极。粤西拥有 4 所广东省直属本科院校,即广东海洋大学、广东医学院、湛江师范学院和广东石油化工学院。

2012年10月至12月，邹华等人进行了两项调查。一是面向机构，通过网络调查、文献研究和电话访谈等方式，调查广东海洋大学、广东医学院、湛江师范学院、广东石油化工学院4所高校图书馆的社会化服务和粤西三市公共图书馆的资源现状；二是面向读者，通过网络QQ群和发放问卷，调查粤西公众的文化需求，调查的主要内容包括图书馆馆藏资源、人力资源、馆舍条件、对外办证、对外服务、特色数据库建设以及宣传报道等方面。其中涉及社会化服务的有以下几个方面。

(1)面向社会读者办证状况

粤西4所高校馆中有3所在一定范围内向社会读者发放借阅证。其中广东海洋大学图书馆只需凭本人所在单位(或乡镇、街道办)证明、身份证原件和复印件，交纳年度服务费和押金，便可办理借阅证；广东医学院、湛江师范学院等高校馆仅向特定的社会读者发放借阅证，并收取押金；广东石油化工学院图书馆不对外开放，社会读者若想入馆查阅资料，需经学校同意。

(2)社会化服务的内容及社会需求现状

书刊借阅状况。目前有3所高校馆向社会读者提供书刊借阅服务，但限制较多，服务面窄，借阅权限少。

检索培训服务状况。4所粤西高校馆都重视检索技能培训，在为本校师生培训的同时，均将培训讲座的课件挂上网向社会开放，让社会读者随时远程学习。广东医学院图书馆还不定期为地方医务人员举办医学信息检索技能培训班，满足社会需求。

参考咨询服务状况。4所粤西高校馆在为本校师生读者服务的同时，也向社会公众提供常见问题、表单咨询、电子邮件、电话咨询等虚拟参考咨询服务，其中2所加入“全国图书馆参考咨询联盟”，扩大了社会服务范围；3所提供读者留言和QQ咨询等服务；1所开通了图书馆官方微博。

科技查新服务状况。有2所粤西高校馆凭借科技查新站的优势开展科技查新服务，为地方的科技、医学发展和经济建设做出了贡献。

查收查引服务状况。有2所粤西高校馆凭借丰富的数据库资源和查新站资质为校外用户提供该项服务。每年粤西专业技术人员为职称评定、课题申报和成果评奖等,都会直接或间接向高校馆提出查收查引服务申请。

特色专题服务状况。3所粤西高校馆共建有特色专题数据库17个,其中广东海洋大学图书馆建有"对虾学习专题网""海洋文献目录数据库"等3个特色资源库,湛江师范学院图书馆建有"粤西文献资源网""广州湾专题资源网"等13个特色资源库。由于知识产权保护的问题,向社会开放的特色数据库只有3个。

此外,一些粤西高校馆积极开展服务创新,提供业务扶持与合作共建服务,受到地方政府及社会的欢迎。比如,湛江师范学院图书馆为湛江市委图书室和民办学校图书馆的建设提供人力、技术等业务扶持;主动与市有关单位合作共建特色数据库,与市委市政府、公共图书馆等联合举办"湛江非物质文化遗产图片展""建党90周年湛江党史图片展"[30]。

5. 商洛学院图书馆

(1)举办专题讲座与培训

商洛学院利用图书馆报告厅开展形式多样、内容丰富的专题讲座与培训。一是开展以传播新知识、新文化、民俗等公益性讲座,提高公众的素质,提升城市人文品位。二是对各行业的专业技术、研究人员、管理者开展学术交流,提高他们的创新能力和科研与管理水平。三是重点抓好现有农业科技人才的技能培训,使他们成为掌握计算机和信息技术的农业专家,并具有多学科背景的复合型人才。四是在农村挑选产业(种植、养殖)骨干人员进行专业培训,使他们成为农村信息的传送人和农村致富奔小康的领头雁。

(2)向所在市区(社区)居民开放

向所在市区(社区)居民开放是一条最基本、最直接的有效途径。具体做法是向市区居民办理借阅证,实行免费阅览。需要借阅图书、期刊时,可交等值押金。在管理上只要社区居民提供有效身份证,就可办理。服务上尽量减少对他们的限制,使他们享受与校内读者一样的服务。

(3)建好用好地方文献资源,为开发当地旅游产业服务

商洛学院图书馆地方文献建设具有一定的规模。多年来,商洛学院图书馆充分利用已有的人才优势和院内有关教授、专家研究商洛的民俗文化、历史特色、人文风情等科研成果,为2010年初商洛市政府提出的"旅游产业兴市战略"提供文献信息服务。如余方平教授编写的《商洛革命史研究》、黄元英教授编写的《商洛民俗文化研究》、著名作家贾平凹及商洛作家群的研究等,这些都能为宣传商洛、挖掘商洛旅游潜力、推动旅游产业的发展起到很好的作用。

(4)组建科研团队,形成特色馆藏,为当地主导产业服务

为了促进商洛区域经济发展,商洛市政府确立了重点发展现代中药、绿色农业、生态旅游、工业园区和劳务输出五大产业。商洛学院是一所地方院校,服务于地方经济建设是学院办学宗旨之一。为此,学院与地方政府共建了商洛 GAP 中心。作为图书馆来讲,他们借鉴石河子大学图书馆社会化服务的经验,会同生物医药工程系有关教授、专家及时收集有关中药材方面的文献信息,把研究商洛山区中药材的种类分布、生长习性、药用价值、市场信息等文献信息资源进行筛选、加工、编辑,形成特色馆藏,为当地数十家医药企业分析市场发展趋势。同时,加大种植、养殖方面的文献资源搜集与加工,为当地绿色农业服务[31]。

6. 江汉大学图书馆

江汉大学图书馆于2002年合并搬迁至武汉经济技术开发区,其周边有很多汽车和化工企业,图书馆在为江汉大学教学和科研服务之余,开始把为企业和社区提供服务作为服务创新的重要内容。图书馆根据属地经济特点,自建了在 CALIS 立项的、以汽车资源数据库为主的多种特色数据库,面向社会服务。2009年学校图书馆与东风汽车公

司签订了信息服务协议,建立了信息资源共享与合作关系,面向该公司全面开放文献信息资源,服务内容包括:主动上门为东风汽车有限公司员工办理借阅证,提供文献借阅服务;通过远程登录,实现电子资源在线检索;开展信息检索与利用的培训,指导企业员工有效利用图书馆各种文献资源。针对东风汽车有限公司科研工作需求,图书馆专门设立研究厢,更新电脑等信息设备,方便他们开展学术研讨活动及信息检索,并提供专题信息检索和文献传递等服务,为该公司检索关于"汽车产业政策""墨西哥海外市场的宏观环境""海外市场的汽车厂家背景及汽车使用环境""中重型卡车市场需求及未来预测"等各种课题。构建信息交流平台,通过电话、QQ、邮箱、博客、虚拟社区等多种形式提供数字参考咨询服务。形成了信息服务独具特色的"江大—东风模式"。东风服务模式丰富了汉江大学图书馆"服务地方经济、服务社区"的内容,促使馆藏资源的利用朝着健康方向发展,形成了"馆企双赢"的良好局面,为探索高等学校服务社会的有效途径做出了有益的尝试。

江汉大学图书馆先后与武汉经济技术开发区管委会等 8 家企事业单位建立了信息服务协作关系,积极为社区居民服务,图书馆为武汉经济技术开发区社会读者办理了1300 多个借阅证,主动向社会开放了图书馆文献资源,实现图书馆社会化的服务职能。

江汉大学图书馆还经常性地与校外其他单位开展多种形式的文化交流活动,如联合举办艺术画展、摄影作品展、名家书法展等多种形式的会展,传播特色鲜明的地域文化知识。邀请知名专家、学者来馆参观、讲学,通过开展具有地域文化特色的交流,弘扬和宣传地区特色文化[32]。

7. 武汉大学图书馆

多年来,武汉大学图书馆利用本馆的优势学科——测绘学方面的资源、人才、技术、服务等优势,在坚持服务院校的基础上,拓展服务于行业和社会等其他领域,建立广泛而有效的图书馆与相关行业、机构的合作机制，努力为国民经济建设和行业发展提供科技信息服务。

武汉大学图书馆的测绘学馆藏文献信息资源及学科人才、技术力量在同学科、同行业中都占有绝对的优势。武汉大学图书馆收藏有国际上2700余种测绘学及相关学科的外文期刊、国际专业学术会议录，其中有世界上出版最早的德国期刊《测量学》（从1873年创刊号至今）；收藏有国内几乎所有测绘学及相关学科的期刊；收藏有近10万张各种比例尺地形图、航空航天照片、遥感影像图等；还收藏有国内外测绘专业相关专题数据库及光盘影像资料。

（1）积极参加全国测绘科技信息网的协调合作

早在20世纪80年代，武汉大学图书馆就开始负责为国家科学技术委员会主办的《国外科技资料目录》《中文科技资料目录》提供国内外测绘学文献目录。该刊主要对国内外百余种测绘学权威核心期刊、重大学术会议录、科技报告、专著等测绘文献进行二次文献加工，以文摘形式跟踪报道，其年报道量达4000余条。武汉大学图书馆每年向该刊提供近千条文摘译文。

武汉大学图书馆还于20世纪90年代创办了《测绘科技情报》杂志，主要通过编译、综述，报道国外测绘学科各专业最新测绘科技成果、先进技术和发展趋势，重点报道测绘遥感、空间地理信息系统和全球卫星定位系统等方面的热点信息。该刊不仅面向学校教学科研人员服务，还面向同专业的其他院校、测绘科研院所和生产单位等200多个机构提供无偿服务或进行资料交换。

（2）开展科技信息服务基础工作

20世纪90年代初，由武汉大学图书馆专业人员提出，“全国测绘科技信息网”办公室牵头，组织全国两校四所（武汉大学、解放军测绘学院、中国测绘研究院、西安标准化研究所、西安测绘研究所、海洋测绘研究所）的专业信息工作者在测绘界院士、知名专家、《中图法》编委会主编的支持帮助下，经过近4年的努力，先后编写出版了《中图法·测绘学专业分类表》《测绘学叙词表》等专业工具书。面向社会提供科技查新和论文检索鉴定服务。

武汉大学图书馆利用测绘学科稳定的专业查新人员队伍、丰富的馆藏文献资源,从20世纪90年代起就开展科技查新服务,并为全社会、各行业提供不同层次的服务,还在电子文献资源十分缺乏的条件下,自建西文测绘科技专题数据库和中文土地管理与地籍测量数据库。许多测绘企事业单位,如黄河水利委员会测绘大队、长江流域规划办公室勘测大队、武汉勘测设计院等单位慕名前来,向武汉大学图书馆提交科技查新请求。武汉大学图书馆接到这些请求后每次都能够及时给出严谨的科技查新报告,受到相关单位的充分肯定。

2005年,武汉大学图书馆取得了教育部科技查新资格,可为高校和研究机构的大多数学科专业提供科技查新服务,近几年来,为校外测绘机构及相关行业完成科技查新项目共70余项。其中有对省测绘局的一些大型项目的查新和认证,有对华中农业大学、武汉理工大学、武汉科技学院等其他高校科研项目的查新,还有对一些大型企业及公司的新产品鉴定,如东风汽车有限公司、菲旺软件技术有限责任公司、苏州德融嘉信信息技术有限公司、武汉圆周率软件科技有限公司等[33]。

8. 深圳大学城图书馆

深圳大学城图书馆(深圳市科技图书馆)作为北京大学、清华大学、哈尔滨工业大学深圳研究生院、南方科技大学和中科院深圳先进技术研究院共同拥有的图书馆,自2007年3月30日新馆落成即面向社会开放,是国内第一家兼具高校图书馆和公共图书馆双重功能的图书馆,成为高校图书馆探讨社会服务功能的先驱者。作为国内第一家兼具高校图书馆和公共图书馆双重功能的图书馆,深圳大学城图书馆已成为深圳市重要的科技文献资源保障基地、科技文献和科技信息服务中心、科学教育基地和为市场、产业、研发提供社会化公共信息资源的交流服务平台。

(1)一般借阅服务与高层次人才服务

向社会读者提供文献资源的借阅服务,是高校图书馆社会化服务最基本的模式。目前社会读者已在深圳大学城图书馆有效读者中占有很大比例。2010年,图书馆社会读者占有效读者比例已达到65%,社会读者年人均借书量达到9册次。加入深圳市各级图书馆间的通借通还服务,更方便了社会读者对高校图书馆纸本资源的利用。

2010年深圳大学城图书馆与深圳市人力资源和劳动保障局合作,面向深圳市认定的高层次人才及深圳市博士后工作站的在站及出站博士后推出“鸿儒卡”,直接将该馆的文献信息服务作为高层人才配套服务推送到个人,提供科技查新、文献检索和文献调研等八大针对性的个性化服务。

(2)培训与讲座服务

深圳大学城图书馆是深圳市电子资源保有量最为丰富的图书馆,为更好地宣传图书馆的资源和服务,让更多社会读者了解和使用图书馆,在针对大学城内各院校进行特色培训的同时,更采用“走出去,请进来”的方式扩大宣传和培训。走出去,即深入企事业单位、科研院所和广大市民;请进来,即邀请科研人员与普通读者到图书馆。一年一度的高交会、世界读书日都是他们走出图书馆深入市民进行宣传的最好时机。此外他们还深入不同企事业单位,开展深层次的信息检索培训。如针对企业研发人员的专业数据库检索知识培训及如何运用文献计量分析进行研发管理培训;针对市场开发人员的战略研究——行业概况、领军企业、竞争对手分析及如何寻找海内外合作伙伴的检索分析等。信息检索与专利分析研讨会、社会读者沙龙已是该馆的常规活动项目。仅2010年,该馆就举办各种形式的培训和讲座共计94场次,其中社会读者参与率占到72%。2010年12月起该馆推出“大学城新论·名家讲座”专题,这座有生命力的“精神图书馆”,为社会读者接触高端学术研究搭建了宝贵平台,使其再次成为名副其实的滋养深圳市民和高科技人才的沃土。

(3)电子资源共享与文献传递服务

深圳大学城图书馆中外文电子期刊数据库、学位论文和会议论文数据库、专利、标准以及电子图书等丰富的馆藏资源,除个别数据库对读者身份有一定限制外,大多数数据库资源均向社会公众免费开放。换句话说,社会读者也可以查询和下载这些资源。社会读者可凭读者证在图书馆检索区免费检索各类文献资源。自带电脑的用户,该馆为其提供了每月 30 小时的免费互联网接入费,方便其检索电子资源。该馆的到馆培训服务,可随时对读者进行针对性辅导。

2009 年 6 月 14 日,“深圳文献港”平台正式开通。该项目由深圳图书馆牵头创立,面向深圳市广大市民提供文献传递服务。深圳大学城图书馆与深圳大学图书馆等高校图书馆资源的加入,不仅加大了服务的广度和深度,更为高校资源服务社会开创了新的模式。目前该馆开通的馆外访问途径除“深圳文献港”外,还有自建的学术资源门户和代付费的 NSTL 深圳服务站等。通过文献传递,社会读者可以很方便地获取自己所需要的电子资源,也提高了高校图书馆资源的利用率。

(4)情报研究服务

深圳大学城图书馆还为社会提供情报研究服务,现已完成数十项情报研究委托。例如,接受中纪委及深圳市纪委预防研究室委托,编撰《海外反腐动态》(月刊);接受深圳市科技工贸和信息化委员会委托,编撰《科技新名词手册》。此外,为了给深圳市的生物医药产业提供更好的信息服务,图书馆拟编撰生物医药动态刊物等。

(5)科技查新服务

2009 年 1 月 12 日教育部批复深圳大学城图书馆成为教育部科技查新工作站,成为第一个也是深圳市目前为止唯一一个国家教育部门批准的科技查新机构,为深圳市的高等教育、科学研究和科技自主创新的发展提供了极大的便利条件[34]。

9. 北京高校图书馆

2012 年 3 月 12 日,北京大学图书馆馆长朱强在首都图书馆联盟成立大会上说:“高校图书馆并不是与社会隔绝的,以前只是有条件地接待部分社会读者;加入联盟后,高校图书馆将把接待社会读者的服务进一步制度化,并完善相关配套设施,逐步向社会公众免费开放。”[35]此后，高校图书馆向社会开放的问题再次引起了全社会的关注。

首都医科大学图书馆的田瑞曾撰文对北京地区64所大学图书馆的社会化服务情况进行了调查分析。在被调查的64所高校图书馆中，有28所以不同的方式向社会开放，约占43.8%；另外的36所高校图书馆不向社会开放，约占56.2%。其具体的开放形式包括浏览、借阅、上网、代查代检等。有16所允许校外读者进入图书馆阅览。这16所高校图书馆大部分都收取少量费用，用以办理临时阅览证，校外读者只有办理了临时阅览证之后，才能进入图书馆阅览图书、期刊、报纸等。有10所允许校外读者上网。有22所可以向校外读者提供代查代检服务[36]。

向社会开放的很多高校图书馆具有专业特色，如北京交通大学图书馆、北京协和医学院图书馆、北京体育大学图书馆和首都体育学院图书馆。这些图书馆针对自身的专业特色，自建或与相关机构合作共建特色资源库，面向社会提供专业特色信息资源。如首都体育学院图书馆的“奥林匹克教育博物馆”以奥林匹克元素和中国文化元素为背景，运用开放式理念和高科技手段诠释和平、友谊、理解、进步和公平竞争的奥林匹克精神，分为古奥运雕塑展、北京中小学生创意产品展、北京奥林匹克教育图片展、奥运特许精品展等几个板块。这些展品大多是由北京市中小学生和社区居民亲手制作的，反映了我国人民对奥运的期盼和对奥林匹克教育内涵的深刻理解。博物馆免费向大中小学生和广大市民开放[37]。再如北京交通大学的“铁路博物馆”，包括铁路史话、运行基础、通信信号、铁路运营、机车车辆、高速列车、铁路人物、文物欣赏和术语词典等几个模块，几乎涉猎了有关铁路方方面面的知识。如在铁路史话栏目中，就有“中国土地上第一条营业铁路”“中国自建的第一条铁路”“茅以升与钱塘江大桥”“成昆铁路”等知识的介绍。“铁路博物馆”免费向社会开放，读者只需打开该馆主页，找到“铁路博物馆”，就可按栏目查询相关内容了[38]。

清华大学图书馆2013年出台《校外人员借书证办理办法》和《校

外人员对本馆电子资源的使用办法》。该馆将社会读者分为 A、B、C、D 四类,其中 A 类读者为学校各单位持一卡通校园卡的企业编制人员、大集体人员、合同制人员和科研合作人员。B 类读者为学校各单位的进修人员、访问学者和科研合作人员等。C 类读者为持校园一卡通的学校教培处的访问学者和进修教师。D 类读者为没有校园一卡通校园卡,但持有清华大学留学生办公室发放的纸质学生证的非学位专业进修生和语言进修留学生。四类人员在押金标准、借阅文献类型和数量、借阅期限上均有不同[39]。

从调查的结果来看,大部分向社会开放的北京高校图书馆都是以参考咨询服务为主,只有极少数的高校图书馆向社会开放图书外借服务。目前,各高校图书馆在馆舍空间、馆藏文献量、读者群等方面存在较大差异。因此,在满足本校教学、科研的基本需求后,各高校图书馆应考虑以参考咨询服务为开放起点,待条件和情况允许时向社会开放更多的服务,特别是开放百姓最需要的图书借阅服务和特色资源服务[40]。

10. 重庆文理学院

重庆文理学院于 2002 年开始建设新校区,而学校图书馆由地方政府重庆市永川区和学校共同建设:地方政府提供土地资源,由学校来建设与管理。图书馆建成后,馆内各种图书情报资源向社会开放,奠定了图书情报的社会服务基础,也为各地方高校的图书馆建设与使用提供了新的管理模式。

图书馆对信息进行收集、筛选、整理,主动与重点科研项目负责人或学科带头人联系,提供资源检索服务,对课题研究进行跟踪,掌握项目研究动态和各研究阶段的信息需求。图书馆安排学历层次较高且具有超前信息预测和分析能力的多名工作人员从事学科信息服务,进行各种类型的专题、定题信息检索和科技查新,与课题负责人进行沟通交流,不断确定新的检索策略,提高检全率和检准率,拓展了课题研究的信息渠道[41]。

为更好地服务社会,重庆文理学院图书馆还不断拓宽服务领域,构建社会服务内容。一是开展信息咨询与科教兴农服务。根据自身条件,最大限度地向社会读者和社区读者开放,促进了信息资源的共享,发挥地方文献信息中心的知识功能、经济功能、教育功能、情报功能等,形成地方资源的多元共享与整合。二是开展课题查询与信息代理。课题查询是针对情报用户需求,提供课题资源收集、整理与传递。学校图书馆为本区域的政府机关、企事业单位、个人用户提供书画名人传记材料、历史文献、技术前沿、生产实用技术等资源的查询、收集与整理服务,直接地推动当地经济建设和科研创新,有力地促进生产力的发展。信息咨询馆员利用各种途径搜索、开发有用的信息资源,生产出有特色、有针对性、有近期效益的信息产品,及时反馈给用户。三是创建交流平台,承载信息交流传播。图书馆主动深入社会,加强与所在区域的合作,充分发挥图书馆与学校的人才优势,突破传统的单纯为科研与教学服务的封闭模式,开展各种教育与培训活动,帮助区域逐步完善其教育体系,同时也可以利用区域的教育资源为学校的教学和科研服务,为提高学生终身学习能力服务。四是支持科研创新,促进经济发展。近年来,重庆文理学院图书馆在做好校内师生文献信息服务的同时,不断拓展科技信息咨询服务新领域,积极面向社会服务,校外读者和借阅量逐年增加,有效地促进了当地社会经济发展,促进了科研项目立项、科技成果转化等工作,对于提升图书馆自身形象、提升学校影响力具有重要的积极作用[42]。

11. 重庆大学图书馆

重庆大学图书馆设置专门机构,调整资源配置,开展了一系列社会化服务,并将社会服务的对象划分为集团用户与个人用户,根据不同的服务对象提供不同的服务。如与重庆市科委合作建设的 CDISS 项目主要面向集团用户,参与重庆市科技文献资源共享服务平台以及自行开发校友服务平台为个人用户提供服务。

(1)调整部门职能,组建面向社会的信息服务部门

重庆大学图书馆于 2005 年成立了现代信息管理中心,其目的是

面向社会提供信息服务，在2008年新一轮的部门优化调整中将“现代信息管理中心”正式更名为“现代信息服务中心”。从“管理”到“服务”绝不只是一个名称的改变，而是重庆大学图书馆“服务社会”的新起点。该部门吸纳了具有各种专业背景的人才，包括管理、图书情报、英语、化学、自动化、法律、信息管理等，面向重庆市提供信息资源一站式服务。通过这一部门的成立以及组织机构的健全，服务社会的目标更加明确，制度更加规范，服务内容更加清晰。

(2)调整馆藏结构，立足本校，放眼重庆，构建特色数据库

重庆大学图书馆根据实际情况建设了三峡数字图书馆、轻合金等特色数据库，截至目前，三峡数字图书馆拥有各类型数据11 600多条。还根据馆藏资源的情况，建设建筑、机械等学科的特色数据库，引进国外相关的权威数据库，形成多层次、有特色的文献保障系统，为重庆及重庆周边地区乃至全国的相关企事业单位和科研机构提供信息服务。

(3)加强区域资源共建共享，为政府、企业、科研机构提供科技文献保障

重庆市科委于2002年启动了由重庆大学图书馆牵头，重庆医科大学、西南师范大学等7所大学及研究机构联合承担的数字信息资源共建共享项目，建成了“重庆数字文献信息资源与服务体系”(CDISS)。该项目整合了重庆市现有的科技文献资源，实现了资源的共建共享，开展了文献传递、定题服务、代查代检、科技查新、专利技术分析、收录及引用等方面的服务，为重庆市企业的科技文献提供了有力保障。

(4)关注个人用户，为基层科研人员及校友提供文献信息服务

2009年10月，重庆大学图书馆作为首批资源中心加入由市科委、市财政局、市教委打造的重庆市科技文献资源共享服务平台，面向重庆市所有人提供文献信息服务。用户只需简单注册便可享受重庆市高校的文献信息服务。申请文献的费用由市科委、市财政支付给高校图书馆，一方面减少了科研人员的经费负担，另一方面增加了高校图书馆的经济收益。这一平台拓宽了广大科研人员尤其是基层科研人

员获取文献的渠道,截至目前,重庆大学图书馆提供了50%以上的文献申请[43]。

参考文献

[1] 麻省理工学院图书馆[EB/OL].[2015-12-05].http://libraries.mit.edu/index.html.

[2][4] 程文艳.国外高校图书馆信息服务的社会化实践及其启示[J].山东图书馆学刊,2012(3).

[3] 斯坦福大学图书馆[EB/OL].[2015-12-05].http://www-sul.stanford.edu/.

[5] 汪建中.论美国高校图书馆社会化服务实践[J].图书馆理论与实践,2013(10).

[6] 陆波.哈佛大学信息服务社会化转型及其启示[J].兰台世界,2014(3).

[7] 周亢美.英国大学图书馆向社会开放的新发展[J].图书馆杂志,1996(4).

[8][23][37][40] 王宇.高校图书馆社会化服务研究[M].北京:中国社会科学出版社,2014.

[9] 杨长平.德国大学图书馆见闻[J].贵图学刊,1996(3).

[10] 陈春春.德国特利尔大学图书馆考察[J].图书情报工作,2001(11).

[11] 何美琴.鉴赏德国高校图书馆信息资源服务社会化[J].河北科技图苑,2011(3).

[12] 鄂丽君.加拿大高校图书馆校外读者服务实践及启示[J].图书馆建设,2013(9).

[13] 梁学敏,汪英姿,吴昭.浅谈面向社会开放的日本大学图书馆[J].科技情报开发与经济,2010(31).

[14]ご指定のページは見つかりませんでした[EB/OL].[2015-12-07].http://www.pref.yamaguchi.jp/cross/index.html.

[15] 山口大学图书馆主页[EB/OL].[2015-12-07].http://www.lib.yamaguchi-u.ac.jp/.

[16] 陈枝清.日本大学图书馆面向社会开放的启示[J].图书馆建设,2008(9).

[17] 孙颉.看日本大学图书馆社会化服务[J].兰台世界,2010(10).

[18] 付莉萍.中韩高校图书馆社会化比较与分析[J].企业研究,2012(12).

[19] 金文花,党跃臣.韩国高校图书馆在社会化服务中的地位与作用解析[J].图

书馆学研究,2010(6).
[20] 江红辉. 地方高校图书馆的一面旗帜——访广州大学图书馆馆长张白影[J]. 全国新书目,2007(5—6).
[21] 林英. 高校图书馆社会化信息服务瓶颈分析[J]. 图书馆界,2015(2).
[22] 张白影. 高校图书馆信息服务社会化的理论与实践——以广州大学图书馆为例[J]. 大学图书馆学报,2009(4).
[24] 石河子大学图书馆主页[EB/OL]. [2015 - 12 - 08]. http://lib. shzu. edu. cn/webs/list/notice/83. html.
[25][27] 曲金丽,张利,唐志红. 高校图书馆信息服务社会化模式研究[J]. 新疆农垦科技,2011(6).
[26] 周亚丽. 新疆高校重点学科文献资源建设的调查与分析[J]. 农业图书情报学刊,2011(2).
[28] 姬娅小娟. 石河子大学图书馆农业文献信息资源的开发与利用研究[D]. 石河子大学,2013.
[29] 蒋德凤,等. 信息社会化视阈下高校图书馆社会服务创新机制研究——以广西大学图书馆社会化服务实践为例[J]. 农业图书情报学刊,2013(6).
[30] 邹华,高波. 粤西高校图书馆社会化服务的现状、问题及对策[J]. 图书馆论坛,2011(1).
[31] 李栓民. 地方高校图书馆社会化服务的实践与探索——以商洛学院图书馆为例[J]. 农业图书情报学刊,2011(7).
[32] 倪娅静. 地方高校图书馆社会化服务的思考[J]. 农业图书情报学刊,2014(2).
[33] 高仕健,段晓玲,袁爱平. 论高校图书馆科技信息服务社会化[J]. 图书馆建设,2010(5).
[34] 陈园. 高校图书馆服务社会之探索与实践——以深圳大学城图书馆为例[J]. 农业图书情报学刊,2012(3).
[35] 全市 60 家图书馆将通借通还[EB/OL]. [2015 - 12 - 15]. http://epaper. jinghua. cn/html/2012-03/13/content_770076. htm.
[36] 田瑞. 北京高校图书馆向社会开放情况的调查、分析与建议[J]. 图书馆建设,2012(9).
[38] 北京交通大学图书馆主页[EB/OL]. [2015 - 12 - 15]. http://amuseum. cdstm. cn/AMuseum/railway/tlsh/index. html.

[39] 清华大学图书馆主页[EB/OL].[2015 - 12 - 15]. http://lib. tsinghua. edu. cn/service/circulation/tempcard. html.

[41] 鞠建伟,邢永华.高校图书馆面向社会开展科技信息服务的探索与实践[J].图书馆建设,2004(5).

[42] 赵燕玲.高校图书馆社会服务功能探究与实践[J].重庆文理学院学报(自然科学版),2009(1).

[43] 王姝,魏群义,沈敏.高校图书馆信息服务社会化模式探讨[J].图书情报工作,2010(17).

第八章　国内外高校图书馆社会化服务的主要模式

在多年的社会化服务活动中,国内外高校图书馆积极开动脑筋,大胆吸收先进经验,紧密结合实践工作,形成了许多具有代表性的典型模式,为进一步搞好此项工作提供了依据。

一、国外高校图书馆社会化服务主要模式

国外高校图书馆,尤其是美国、英国、德国等发达国家的高校图书馆,他们的社会化服务工作经过多年的探索和实践,已经形成比较完善的服务模式。无论是传统的图书借阅、报刊浏览,还是涉及现代化技术的网站浏览、数字资源提供,还有比较精深的图书馆联盟、个性化服务、课题查新等,都形成了有显著特点的服务模式。

1. 传统信息服务模式

国外高校图书馆向社会开放的历史比较悠久,向社会开放的高校图书馆数量也比较多。

由于健全的法律法规,国外公立的高校图书馆几乎无需任何条件向社会开放。私立高校图书馆虽然没有必须开放的要求,但一般也有向社会开放的规定,社会公众只要有需要利用私立大学图书馆,都不会被拒之门外。

一般来说,国外高校图书馆向社会开放的服务模式有馆内自习、报刊浏览、图书借阅、信息咨询等。其他服务不需证件,只有涉及图书借阅时,要凭证件办理借阅证,并收取一定的费用。

在传统信息服务方面,国外高校图书馆不仅考虑本校师生的文献信息需求,还兼顾校外读者利用图书馆的方便。大多高校图书馆都会采取延长开放时间、节假日和寒暑假开放等措施,满足校外读者利用图书馆的需求。

传统信息服务很重要的一个模式是馆际互借。西方发达国家都注重图书馆之间的合作,同一城市的图书馆,不论是什么系统,都有紧密的联系和合作,其中馆际互借是一项坚持时间较长、效果比较好的业务。

2. 网络化信息服务

网络化信息服务模式是指所有通过网络平台,利用现代信息技术,为广大用户提供数字资源及网络资源的信息服务。

目前,国外高校图书馆社会化服务的重点是追求质量的提高,如何更好地达到并满足社会用户的需求是国外高校图书馆的奋斗目标。除了尽最大努力完善传统信息服务外,提高网络信息服务也是国外高校图书馆社会化服务的重点[1]。

图书馆网站是国外高校图书馆社会化服务的基础性服务模式。国外高校图书馆网站都会专门划分出针对校外用户的专题分页,使校外用户清晰知道自己可以利用到哪些资源,自己有哪些使用权限,如何在校外访问数字化资源、如何办理借阅手续、如何续交年费、如何咨询馆员、可以参与哪些培训等[2]。

一般的高校图书馆网站上都会设置馆情介绍、馆藏书目数据库、馆藏电子文献、新书通报、图情知识、特色数据库、特色服务等,为校外读者提供最基本的信息。

自建数据库是国外高校图书馆网络化信息服务的又一重要模式。国外许多高校图书馆都根据自己的馆藏特色,对馆藏纸质文献进行数字化,构建某一专题或某一学科的特色数据库,这些数据库校外用户可以免费检索使用。还有各高校图书馆都普遍建设的机构知识库,收藏机构内教职工和学生的科研成果包括期刊论文、博硕士学位论文、工作报告、讲义、手稿等，这些成果绝大多数向公众开放，公众可以免费检索下载全文，彻底打破数据库商的知识垄断。

参考咨询是国外高校图书馆社会化服务的重要模式。所有高校图书馆都会设置有参考咨询服务，通过电话、E-mai 或虚拟平台为社会公众提供咨询服务。虚拟咨询服务是先进图书馆的一种标志，是图书馆利用现有网络平台推出的参考咨询服务。咨询馆员可不受时间、地点的限制，在网上实时向读者提供问题的解答，并能进行问题的回溯查询，从而使读者能够及时得到问题的答案。

各行业、各地区的图书馆联盟也是国外高校图书馆向社会服务的重要网络信息服务模式。图书馆联盟充分实现了资源共享、利益互惠的服务，通过多种形式的联盟，既扩大了资源的覆盖面，形成联合协作的系统服务，也扩展了读者获取信息的渠道，提高文献传递的速度，极大地满足了用户的各类文献信息需求[3]。

3. 为机构和企业服务

美国大部分高校图书馆为公众提供综合性的服务项目。项目依托的本校资源内容丰富、形式多样，对于提高公众的知识素养，促进社会的和谐与发展起到一定的作用。例如，加州大学戴维斯分校图书馆和耶鲁大学的图书馆公众服务中心，在大学优秀知识资源的支撑下，为公众和私人机构提供支持信息和专业服务，加深了公众服务的深度。加州大学伯克利分校图书馆通过公共服务项目与商业合作，把研究结果和科学发现转化为实用知识和工艺革新，为加州乃至整个国家都带来了效益[4]。

4. 个性化服务

个性化服务是图书馆针对用户的个性化信息需求或特殊用户提供的特殊信息服务。如针对盲人用户提供盲文文献阅读服务；针对儿童学习需求，开设专门的学习空间，举办故事会、亲子互动、阅读心得交流等服务；对弱势群体提供知识援助、辅导培训等服务；针对研究型用户提供专门的学习共享空间、多媒体教学室等服务。

图书馆服务中关注特殊群体,开展特殊服务便是图书馆情感服务的一个重要方面。目前,美国高校图书馆开设了残疾人服务、女性服务等特殊群体服务,其中残疾人服务发展较为成熟。其中,加州大学伯克利分校图书馆、斯坦福大学图书馆和田纳西阿灵顿图书馆的残疾人服务内容比较丰富。加州大学伯克利分校图书馆把残疾人列为专门的服务对象,其中又把残疾人分为身体缺陷和学习缺陷两类。在这一模块的简介中,有表格详细介绍为残疾人服务的图书馆员的联系方式,方便他们与图书馆联系;专门介绍残疾人如何实现对图书馆资源的搜索和使用,及代办借书证、申请援助等;还有专门为残疾人设计的图书馆路线图,保证他们能顺利到馆访问。对于学习上有缺陷的用户,图书馆允许他们提供建议,并承诺及时采纳。加州大学戴维斯分校图书馆的 open campus 为社会终身学习者服务,服务设置中充分考虑到了残疾人的学习需求,对于社会上视觉、听觉、语言、学习等方面有残疾的人员设有专门的课程,残疾人可以根据自身的身体条件和信息需求选择相应的课程[5]。

个性化服务最常用的还是馆际互借和远程文献传递。如果用户在本单位或本系统图书馆找不到自己想要的文献,可以通过文献传递和馆际互借来得到。这一服务模式在国外高校图书馆普遍开展。例如,在加拿大,如在本馆借不到所需书刊,便可通过本馆向外馆借,并且手续简便,只要按规定填写申请表,图书馆工作人员就会替读者办理妥当。

5. 校友特色服务

国外高校图书馆发挥其专业性质,特别重视对校友的终身教育支持服务。校友本身是具有终身学习意愿和强烈需求的社会成员。国外高校一般将校友工作作为学校教育工作的一部分,并借助图书馆开展丰富的校友活动,加强与校友的合作关系。国外高校图书馆已经将校友服务发展成特色服务,校友希望通过图书馆继续为其提供丰富的信息资源、知识支撑与科研实践,学校希望通过校友加强与社会的合作和联系,并获得一定资助与提升社会影响力。如美国康奈尔大学图书馆、麻省理工学院图书馆、斯坦福大学图书馆等很多高校图书馆将校友作为特别服务群体,给予相对高一些的权限的服务,因为这些名校校友很多来自科研机构、政府、商界、金融界,这也是让校友深刻感受到母校图书馆的优质服务,使图书馆更容易收到捐款及收藏捐赠的有效方式[6]。

国外高校图书馆及高校各专业分馆对校友服务没有统一规定,其进馆政策、借阅权限、开放时间、服务范围等均不同,但一般建议校友从就读院校的最近图书馆寻求帮助。一般需要校友持学会会员卡、有效证件、居住证明等材料,通过填写申请表格免费或付费办理不同权限的有效借书卡,之后可以利用图书馆。例如,通过身份认证后,康奈尔大学的毕业校友就可以享受图书馆提供的服务,除了专业问题与专家咨询收取咨询费外,其他服务全部免费。提供的服务项目包括:①大范围高质量的网络研究工具的链接,以方便校友发现网络资源;②免费的书目参考和资料推荐服务;③就专业性强的问题提供专家咨询;④康奈尔特色资源的在线展示;⑤书刊借阅、电子期刊访问等[7]。斯坦福大学图书馆为能够完成三个学季学习的学生办理礼遇通行证享受一定优惠费用和礼遇特权。而北卡罗来纳大学将校友细分为三类,毕业不足5年的校友、退休校友、校友家庭,分别捐赠10美元、35美元和50美元加入“Friendes of the Library Membership”,之后购买59美元/年的借书卡。三年内捐赠满5000美元即可获得终身会员资格[8]。

高校图书馆会为校友提供馆内阅览、文献借阅、服务设施(储物柜、学习单间)使用、授权校园网内电子资源使用或远程电子资源访问、馆际互借与文献传递、无线网络等。如美国斯坦福大学为校友创建临时账号以利用文献传递与馆际互借及无线网络、VPN等,有效期1天到14天不等。在图书馆网站中会单列校友版,方便清楚地知道自己的访问资源范围及权限。如康奈尔大学图书馆为校友提供学术搜索校友版、商业信息校友版、Project Muse 等，提供期刊全文、行业报告等各种对应主题的学术研究信息及开放获取资源等，并提供 RefWork 等文献管理软件为校友继续开展学习和研究提供软件支持[9]。

6. 校外学习支持服务

学习型社会使得每一个人都注重自身的发展，在快节奏的工作生活中，校外学习难免遇到各种困难，此时高校图书馆可以依托自身资源优势，提供校外学习支持服务。

美国的学习支持服务相对系统和细化，有针对中小学师生和针对终身学习者的服务。田纳西阿灵顿校区图书馆 K-12connection 为中小学教师提供学习资源，其中的 UTA + 项目为学生的论文提供最有用的信息，T2LINK 项目为教师发现资源、制订教学计划和选择合适教具等提供帮助。加州大学戴维斯图书馆的终身学习协会 OLLI 和斯坦福大学图书馆的继续学习中心，作为共享性的、自我管理的组织，通过不同的教育项目提供高质量、易获得的课程知识和资源。它们提供特别的多样的课程满足积极的思维，课程、讨论和展示使学习者享受学习的快乐[10]。学习者根据需要选修课程，交付一定的费用。考虑到远程学习者的语言问题，有些高校图书馆开始提供多语言版本的学习资源，如哈佛大学图书馆的 Hollis Vatalog 提供多语言的搜索，包括汉语、日语、蒙古语、韩语等，并提供使用方法、检索技巧、问题处理、文档的管理等方面的详细说明，为使用其他语言的远程学习者提供了重要的资源支持[11]。

通过总结国外高校图书馆社会化服务的六个模式，可以分析出国外高校图书馆在社会化服务过程中具有的鲜明特点。沈阳师范大学的王宇研究馆员把其特点归纳为五点，即开放服务法律体系完备，社会服务理念根植牢固，社会服务模式普遍多维，服务内容不断拓展创新，解决棘手问题多措并举。在解决棘手问题方面，许多措施和做法是值得我们学习和借鉴的。如增加相当数量的自助设备和设计明确的指示标识等。还有招募按时计酬的非固定职工，如美国、加拿大招募临时工或勤工俭学学生工来完成大部分繁重和重复的工作;德国招募学历较高的研究生做一些专业知识辅助咨询工作;韩国招募社区居民做兼职,帮助举办各种形式的文化活动等[12]。

二、国内高校图书馆社会化服务现有主要模式

国内高校图书馆社会化服务与国外高校图书馆既有相同的模式,又有自身独特的模式。主要是随着社会化服务理论研究的加深和实践的不断丰富,其服务模式也在不断变化。文献借阅、报刊浏览、空间利用、馆际互借等传统的服务模式在不断普及,网络信息服务、科技查新、讲座报告、文献传递、共享联盟等新型的服务模式不断涌现,形成多层次、多级别、类型多样的综合的社会化服务模式。

1. 基础服务模式

这是高校图书馆社会化服务最常用的一种模式,主要指高校图书馆向社会读者提供文献资源的借阅服务的模式,主要服务对象是图书馆附近的居民、中小学生、工人、农民等。高校图书馆可以向社会各层次的读者发放借阅证,社会读者凭借阅证到高校图书馆借阅所需的书刊资料。开展这项服务,要制定相关的制度,以保障社会读者的利益,明确其义务。

文献浏览和阅览服务,主要是针对各高校图书馆的实体文献,在向社会用户发放借阅证时,各馆的做法并不一致,有提供长期阅览证和借阅证的,也有提供临时阅览证的。临时证件的使用期限有长达半个月的,也有短至半天或一天的。在办证收费上也各有不同。如广西工学院图书馆的相关制度是:公民持工作证或单位介绍信,交纳办证工本费 5 元,押金 200 元,年服务费 50 元(建议免除)即可与本校读者一样利用各阅览室的资料,借阅各外借书库的图书,并享受图书馆的其他服务,如参考咨询服务,等等。

2. 数字信息资源服务模式

数字信息服务方式是指高校图书馆利用现代化的技术设备、通过网络设备和手段实现高校图书馆的社会化服务。高校馆数字信息具有专业性、系统性、实用性等特点，其质量和档次都较高，能够反映出各相关专业当今中国乃至世界的最高水平和最新发展动态，在数量上也是大多数地区公共馆所无法比拟的。高校图书馆所收藏的许多专业文献和各类数据库，是社会上的专业技术人员和研究型读者十分需要但很难从本地公共图书馆得到的。只要获得有关许可，社会读者通过计算机网络，以篇名、作者、作者单位、关键词等为检索点，在短短数十秒内就可以查找到所需的文章内容，并能够随时下载和打印出来。很多高校图书馆已经抓住了科技进步带来的巨大优势，使其在社会化服务中发挥重要作用。如将图书馆所购买的数据库资源对社会用户开放。另外，一些高校图书馆利用自身信息组织优势，将网上分散的、随机的、无序的信息资源进行整合加工，使其形成稳定的、有序的信息资源导航，从而向社会用户提供某些领域的最新动态和相关资料，从而使社会读者掌握信息的主动权。

3. 支持基层图书馆建设的“1 + X”服务模式

朱忠新，姜惠芬提出，高校图书馆为社会读者服务的方法之一是参与基层图书馆的建设。而参与基层图书馆的建设采用“1 + X”模式是有效的途径。“1 + X”模式就是一个中心馆以其文献信息资源的优势和人才优势支持几个基层图书馆的建设与发展。高校图书馆可以根据馆藏特色，通过对基层图书馆的服务对象需求情况、服务内容、服务手段等分析，有针对性地支持基层图书馆的建设，从而达到服务社会公众的目的[13]。

4. 流动图书馆服务模式

流动图书馆近年来在公共图书馆发展很快。如广东中山图书馆、甘肃省图书馆每年都程度不同地将馆藏图书抽出一部分补充到基层图书馆,并定期置换,以满足基层图书馆读者的文献需求。2010 年 11 月,常州工学院图书馆在陶沙巷社区建成了第一个社区流动图书馆,截至 2011 年 12 月,已建成了 5 所社区流动图书馆,分别是陶沙巷社区流动图书馆、青山湾社区流动图书馆、兆丰花苑社区流动图书馆、解放村委流动图书馆、晋陵公馆社区流动图书馆[14]。高校图书馆拥有更加充裕的资金和丰富的文献资源,应该在充分调查社会用户信息需求的基础上,通过一定的形式,建立起灵活多样的流动图书馆或流动图书站。

5. 校地共建共享图书馆服务模式

这种模式是聊城大学于 1999 年首次提出并付诸实践的。这种模式的独特之处是,它不仅是地区性跨系统的,而且是校地双方同心协力联合建馆,以求共享信息资源。它的运作是完全依托在聊城大学基础上开展的,它由原来学校单独投资办馆,变为学校、地方共同投资办馆,它的行政管理、业务管理完全由学校负责,地方政府不予干涉。

6. 高校图书馆联盟服务模式

图书馆联盟是以实现资源共享,利益互惠,促进图书馆整体化发展为目的而组织起来的,以若干图书馆为主体,联合相关的文献信息资源系统,根据共同认可的协议和合同,按照统一的技术标准和工作程序,通过一定的信息传递结构,执行一项或多项合作项目的图书馆联合体。我国现有的高校图书馆联盟主要有中国高等学校数字图书馆联盟、全国图书馆参考咨询联盟、长三角高校图书馆联盟、北京高校图书馆联盟等。李征认为,图书馆往往在纵向领域较易形成联盟,如全国目前形成 CALIS 之类的全国、地区性文献信息资源保障体系。但在横向方面,只有少数区域内,在当地政府或文化系统出面,形成一定区域的资源共建、共享局面,但多数区域往往缺乏统一领导,相互之间的协作多处在封闭毫无联系的状况。高校图书馆可先从这方面入手,建立起本区域的高校图书馆联盟,形成合力,并主动深入科研院所、企事业、中小学、社区、乡村等图书馆、资料室、文化站建立起资源共享网络系统,通过资源共享系统,建立文献信息的互传业务和多共享机制的服务体系[15]。

另外还有研究者提出具有个性化的服务模式。曹红提出专业化信息服务模式,个性化定制服务模式,专家顾问社会化服务模式和高校图书馆网络联合服务模式四种模式[16]。何小红等提出面向社会公众的开放式借阅服务模式,面向研发团队的嵌入式定题服务模式,面向城市社区的流动式延伸服务模式和面向组织机构的分馆式多元服务模式四种模式[17]。路茂林认为,高校图书馆不仅是学校的文献信息中心,还应该是文化娱乐中心和文化休闲中心,应把网络主页变成人文关怀的服务窗口[18]。

三、构建适合于现时代的高校图书馆社会化服务新模式

1. 服务学校与服务社会兼顾的模式

高校图书馆开展社会化服务后,随着社会用户的不断介入,将会对主体用户(本校师生)在利用图书馆的馆舍资源、文献资源和网络资源等方面形成一定的影响,因此处理好主体用户与社会用户的关系尤为重要。高校图书馆必须首先保证学校教学科研的需求和满足师生的文献信息需求。但同时应注意,保证校内用户利益并不意味着忽视社会用户利益,不能在服务态度、服务质量上有所差异。要尊重社会用户的权利,争取每位用户的认可,以树立高校图书馆的良好形象。

具体的模式是,紧密结合学校的学科专业,建立系统的、多类型、多层次的学术信息体系,针对学校的教学和科研做好信息服务工作。在此基础上,在条件许可的范围内,针对社会读者的文献信息需求,尤其是校园周边居民的文献信息需求,为社会读者办理借书证,开辟专

门的阅览室,提供各类信息查询。需要特别强调的是,在寒暑假期间,可以集中向社会读者开放,为他们提供优质服务。

在区别校内读者与校外读者服务时,要坚持“立足校内读者,兼顾校外读者”的原则。同时应注意两方面问题:一是这两个读者群体并非完全对立,校内读者与校外读者之间,在一定条件下可以相互转化的。当校内读者与学校脱离关系(毕业、离职)后,校内读者转化成了校外读者,或者本校读者到其他高校查阅文献时便也成了校外读者。而校外读者也有成为校内读者的可能,如工作调入、中小学生将来升入高校等,因此校外读者是高校图书馆的潜在用户群。二是当校内读者和校外读者在利用图书馆时发生需求矛盾,如阅览座位、文献资源等,图书馆在校内读者优先前提下应尽量为两者协调,促使双方达成一致,而不能简单地剥夺校外读者利用资源的权利。三是应避免少数馆员和个别部门为追求社会化带来的经济利益而偏离服务主体[19]。

2. 传统服务与网络服务互补模式

传统服务的内容包括为社会读者办理借阅证,开辟社会读者阅览室,面向社会读者举办各类讲座,以延伸服务的形式向基层图书馆提供文献资源,为边远地区的读者提供流动图书馆服务等。网络服务的内容主要包括面向社会开放图书馆的主页,在主页上开展馆情简介、书目查询、特色资源、信息资源检索等方面知识的介绍,在协议许可的范围内向社会读者免费提供图书馆的数据库资源和网上免费信息,提供网上信息咨询、科技查新及远程传递服务。一般来说,网络知识服务适用于经济条件较好、具备上网条件的社会读者,而传统服务则更适用于经济条件较差、不能随时上网,或者居住地离高校图书馆较近、时间比较宽裕的社会读者。

这一服务模式的关键是以用户为中心,以联合服务为手段,最终目的是满足用户的信息需求。针对社会用户的具体情况,在传统服务中可先向校友和学校周边的居民办理借阅证,积极吸收校外用户参加高校图书馆举办的讲座、知识技能培训,利用馆际互借和远程传递联合的方式获取用户急需而本馆又无法提供的文献信息。另外在知识产权许可的前提下,尽最大努力向社会用户提供本馆构建和自建的数据库,还可组织下载网上免费的信息资源为社会用户服务。

文献传递与馆际互借的过程当中,必然会产生一些查询费、扫描费、打印费、邮寄费等相关费用。这些费用的产生并不是本馆的服务费用,而是在传递过程中产生的硬性费用,这些费用完全由图书馆来承担是非常不合理的,理应由申请人承担。

3. 高校图书馆联盟服务模式

高校图书馆联盟有全国性的,也有地方性的;有同一行业的,也有同一区域的。我国高校图书馆联盟在近十年来积极发挥协作、智能的作用,在为信息用户提供知识信息服务方面发挥了很重要的作用。

在高校图书馆联盟中,CALIS、CASHL 和 CADEL(简称 3C)是实力比较雄厚、影响比较大、用户比较多、使用较好的大型联盟。

中国高等教育文献保障系统(China Academic Library & Information System,简称 CALIS),是经国务院批准的我国高等教育"211 工程""九五""十五"总体规划中三个公共服务体系之一。CALIS 的宗旨是,在教育部的领导下,把国家的投资、现代图书馆理念、先进的技术手段、高校丰富的文献资源和人力资源整合起来,建设以中国高等教育数字图书馆为核心的教育文献联合保障体系,实现信息资源共建、共知、共享,以发挥最大的社会效益和经济效益,为中国的高等教育服务。

CALIS 管理中心设在北京大学,下设了文理、工程、农学、医学四个全国文献信息服务中心,华东北、华东南、华中、华南、西北、西南、东北七个地区文献信息服务中心和一个东北地区国防文献信息服务中心。

从 1998 年开始建设以来,CALIS 管理中心引进和共建了一系列国内外文献数据库,包括大量的二次文献库和全文数据库;采用独立开发与引用消化相结合的道路,主持开发了联机合作编目系统、文献传递与馆际互借系统、统一检索平台、资源注册与调度系统，形成了较为完整的CALIS文献信息服务网络。迄今参加CALIS项目建设和获取CALIS服务的成员馆已超过500家。

CALIS提供的服务项目主要包括文献检索，集团采购，馆际互借与文献传递，联机编目，参考咨询，业务培训[20]。

CALIS三期建设服务目标除高校图书馆外，还包括政府管理部门、教育管理与研究机构、远程教育用户和其他科研机构等。

中国高校人文社会科学文献中心(China Academic Social Sciences and Humanities Library，简称CASHL)是在教育部的统一领导下，本着“共建、共知、共享”的原则、“整体建设、分布服务”的方针，为高校哲学社会科学教学和研究建设的文献保障服务体系，是教育部高校哲学社会科学“繁荣计划”的重要组成部分，也是全国性的唯一的人文社会科学文献收藏和服务中心，其最终目标是成为“国家哲学社会科学资源平台”。

CASHL的建设宗旨是组织若干所具有学科优势、文献资源优势和服务条件优势的高等学校图书馆，有计划、有系统地引进和收藏国外人文社会科学文献资源，采用集中式门户平台和分布式服务结合的方式，借助现代化的网络服务体系，为全国高校、哲学社会科学研究机构和工作者提供综合性文献信息服务。

CASHL于2004年3月15日正式启动并开始提供服务。目前已收藏有22 781种国外人文社会科学领域的核心期刊和重要印本期刊，2108种电子期刊以及41.7万种电子图书，142万种外文印本图书，以及“高校人文社科外文期刊目次库”和“高校人文社科外文图书联合目录”等数据库，提供数据库检索和浏览、书刊馆际互借与原文传递、相关咨询服务等。任何一所高校，只要与CASHL签订协议，即可享受服务和相关补贴。

CASHL目前已拥有781家成员单位，包括高校图书馆和其他人文社会科学研究机构。个人用户逾8万多个，机构(团体)用户逾3000家。提供文献传递服务100多万次。

CASHL 的资源和服务体系由 2 个全国中心、5 个区域中心和 10 个学科中心构成,其职责是收藏资源、提供服务。

CASHL 收录了 70 所“教育部文科图书引进专款”受益院校共计 129 万种人文社会科学外文图书,涉及地理、法律、教育、经济/商业/管理、军事、历史、区域学、人物/传记、社会科学、社会学、体育、统计学、图书馆学/信息科学、文化、文学、心理学、艺术、语言/文字、哲学/宗教、政治等学科。可提供图书分类浏览和书名、作者、主题、出版者以及 ISBN 号等检索查询。CASHL 图书面向 CASHL 馆际互借成员馆提供馆际互借服务。此外,CASHL 还收录了上海图书馆 10 万种人文社科外文图书,面向全国 CASHL 成员馆用户提供馆际互借服务[21]。

各高校图书馆可以充分利用和 CASHL 的关系,努力挖掘资源,通过网络和远程传递方式为社会用户提供服务。

大学数字图书馆国际合作计划(China Academic Digital Associative Library,CADAL)前身为高等学校中英文图书数字化国际合作计划(China-America Digital Academic Library,CADAL)。国家计委、教育部、财政部在 2002 年 9 月下发的《关于“十五”期间加强“211 工程”项目建设的若干意见》的文件中,将“中英文图书数字化国际合作计划(CADAL)”列入“十五”期间“211 工程”公共服务体系建设的重要组成部分。CADAL 与“中国高等教育文献保障系统(CALIS)”一起,共同构成中国高等教育数字化图书馆的框架。

项目一期建设 100 万册(件)数字资源,国家投入 7000 万元,美方合作单位投入约 200 万美金,“十五”期间已经完成。一期建设由浙江大学和中国科学院研究生院牵头,北京大学、清华大学、复旦大学、南京大学等 16 个高校参与建设。建成 2 个数字图书馆技术中心(浙江大学,中国科学院研究生院)和 14 个数字资源中心(北京大学,清华大学,浙江大学,复旦大学,南京大学,中国科学院研究生院,上海交通大学,西安交通大学,武汉大学,华中科技大学,吉林大学,中山大学,四川大学,北京师范大学),形成一套成熟的支持 TB 量级数字对象制作、管理与服务的技术平台,探索多媒体、虚拟现实等技术在数字图书馆中的应用,推动我国数字图书馆技术达到国际领先水平,为数字图书馆建设与服务的可持续发展奠定了资源和技术基础。

2009 年 8 月 14 日,教育部高教司组织有关专家,对浙江大学牵头草拟的《大学数字图书馆国际合作计划(简称 CADAL)可行性研究报告》进行了评审和论证。专家组听取了项目可行性研究报告的汇报,仔细审阅了有关资料,对报告内容给予充分的肯定并一致通过论证。CADAL 项目二期正式立项。二期建设将在一期百万册的基础上,完成 150 万册(件)数字资源,并建立分布式数据中心和服务体系,实现数据安全和全球服务,由国家投入 1.5 亿建设资金,计划在三年内完成。

CADAL 项目建设的数字图书馆,提供一站式的个性化知识服务,将包含理、工、农、医、人文、社科等多种学科的科学技术与文化艺术,包括书画、建筑工程、篆刻、戏剧、工艺品等在内的多种[22]。

国家科技图书文献中心(NSTL)是根据国务院领导的批示于 2000 年 6 月 12 日组建的一个虚拟的科技文献信息服务机构。根据国家科技发展需要,按照"统一采购、规范加工、联合上网、资源共享"的原则,采集、收藏和开发理、工、农、医各学科领域的科技文献资源,面向全国开展科技文献信息服务。

NSTL 全面提供文献检索、期刊浏览、引文检索、代查代借、参考咨询等项服务。只要是成员单位,都可以按照协议享受以上服务。在全文文献中还有一部分全国免费开通文献,包括全国开通现刊数据库、全国开通回溯数据库。另外还有一部分 NSTL 申请的、面向中国大陆学术界用户开放的国外网络版期刊。用户为了科研、教学和学习目的,可少量下载和临时保存这些网络版期刊文章的书目、文摘或全文数据。

地域性的高校图书馆联盟有天津高校图书馆联盟、首都图书馆联盟、武汉地区高校图书馆联盟、安徽省高校图书馆联盟、青岛开发区图书馆联盟、珠江三角洲数字图书馆联盟等。这些图书馆联盟或免费开放,或收取一定费用为校外用户办理借阅证,或提供限制条件的服务。

如青岛开发区联盟、武汉地区图书馆联盟通过区域内资源整合、信息共享的方式满足市民的读书需求，珠江三角洲数字图书馆联盟不限制IP，免费向民众开放，而区—校图书馆共建共享的图书馆联盟，则在一定程度上满足了市民的需求，通过对区域资源进行整合，提高了区域的公共服务能力[23]。

高校图书馆联盟服务模式在现阶段已经凸显并取得了一定的效果，今后还要在此基础上继续完善，不断发挥其重要作用。其一是要继续发挥现有行业性的图书馆联盟作用，尤其是高校图书馆联盟的作用，如 CALIS、CASHL、NSTL 等。要在不断扩展高校成员馆的基础上，进一步吸收其他图书馆和其他机构加入，尤其是要开通个人用户，为个人用户提供便利的文献信息服务。二是要健全完善地域性的图书馆联盟体制，争取一定经费，组成相应机构，通盘考虑该联盟的信息资源建设、书目数据库共建、数字资源共享、馆际互借、本地域文献的通借通还、本联盟网上对外的数字参考咨询服务等，为社会用户提供更优质的服务。三是通过政府干预，建立全国性的跨地域、跨行业的图书馆联盟，在资源共知的基础上，逐步达到资源共享，并形成统一的通借通还、网上咨询等服务项目，为社会用户提供文献信息及其他服务。

4. 共建共享服务模式

(1)校地共建模式

这种模式是聊城大学于 1999 年首次提出并付诸实践的。1999 年聊城大学领导本着“联合共建，资源共享，优势互补，互惠互利”的原则，提出了富有创新意义的校地共建共享图书馆的设想。对此，聊城市委市政府积极响应，在充分调研、认真论证的基础上，积极争取立项并得到山东省政府的大力支持。经过两年多的筹划建设，2001 年 9 月由双方合资共建的聊城大学暨聊城市图书馆落成并投入使用。这种模式的独特之处是，它不仅是地区性跨系统的，而且是校地双方同心协力联合建馆，以求共享信息资源。它的运作是完全依托在聊城大学基础上开展的，它由原来学校单独投资办馆，变为学校、地方共同投资办馆,它的行政管理、业务管理完全由学校负责,地方政府不予干涉。校地双方集中有限的财力,重点投资,联合建设学校图书馆,避免了因学校、地方各自为政建设“小而全”或“大而全”的图书馆所造成的馆舍、资源、设备、人才等的重复建设,降低了办馆成本,提高了办馆效益[24]。高校图书馆在为机关单位提供各类服务如文献传递、参考咨询、课题跟踪、人员培训的同时,可以获得政策支持和部分经费资助。这种联合模式既弥补了高校图书馆资金的不足,又节省了协作单位获得有效文献信息保障的成本,实现了合作双方的共建、共享与共赢。

当地高校支持图书馆开展社会化服务,要把图书馆的社会化服务纳入常规化工作,要在充分了解当地社会读者文献信息需求的基础上,有计划地选购适应社会读者的文献资源,为社会读者提供文献外借、文献阅览、信息咨询、专题服务、远程传递、讲座培训等知识服务,不断满足社会读者的文献信息需求。

这种模式最适合非中心城市,本地高校比较少、经济文化又欠发达的地区。如甘肃的甘南藏族自治州合作市、张掖市、庆阳市,新疆的石河子市,贵州省的黔东南市等地区,都可以采用这种模式,解决当地用户文献信息难以满足的问题。

(2)校企共建模式

馆企联合模式是指高校图书馆利用信息资源优势,全方位地为企业用户提供信息保障的社会化服务模式。高校图书馆围绕企业的发展愿景和经营目标,采用文献、网络、走访等多种途径进行数据收集、调研分析和专家咨询,为企业提供个性化、有针对性、技术含量高的信息服务。高校图书馆应采购适合地方经济和企业所需的文献信息资料,为企业建立信息平台,建设企业专题数据库,提供课题跟踪、情报咨询、科技查新、文献综述、竞争情报研究、代译代查等信息服务。此外,应与企业单位签订信息咨询技术服务合同,全年为其提供讲座、培训、检索、原文传递等服务,帮助企业不断提升员工的综合素质,使企业更好地生存与发展,从而实现高校图书馆和企业的互惠互利与共同发展[25]。例如华东师范大学图书馆与上海东方房地产开发公司合作，公司投资50万元在该馆建立计算机教育中心，图书馆负责管理，它既是“东方房地产计算机中心”，为公司服务，又是华东师范大学图书馆电子阅览室，对全校师生开放[26]。

(3)股份制模式

这种模式是让外部资金以入股的形式注入高校图书馆，入股者每年交纳一定的费用，就可以和校内读者一样免费享受图书馆提供的图书外借阅览等各种服务。另外，从通讯公司、咨询服务公司引进先进技术，租用或借用他们的设施和设备，在当地乃至更大范围内构筑信息服务系统。面对多样化的社会信息需求，还可采用与社会咨询机构互借人才等方式，联合建设高校图书馆[27]。

图书馆联合体也是政府和高校图书馆合作的一种重要模式。一是政府有关部门应对图书馆间联合实现资源共享制定相关管理条例和统一的标准与规范，以改变缺乏共享服务法理约束力的状况。二是委托其中的主要图书馆领导组成有效的管理机构，对共享服务实施组织、管理和监督。三是采用招投标方式委托有资质的成员馆对系统进行开发、运行和维护，并拨付相应启动资金。四是制定必要的规则、协议和服务评估标准，以促进成员馆间信息、人力等资源要素的自由流动和服务质量的提高。五是使成员馆注重资源布局的分工和梯度，形成产业链，以整体优势应对外界竞争。六是建立覆盖本区域、连接国际国内的信息资源共享平台和综合服务体系，按市场机制运作，为提高社会化服务水平提供资源保障[28]。

5. 阵地服务与流动服务相结合的模式

阵地服务与流动服务只是服务的平台不同。阵地服务，其服务的主要平台在图书馆，或在图书馆的网络平台上（包括单个图书馆和图书馆联盟），主要的服务内容是以图书馆或图书馆主页为阵地，图书馆以其丰富的信息资源、馆舍资源和先进的技术，开展借书、阅览、讲座、培训和咨询服务。这种服务模式的突出特点是坐等读者，被动盲目，针对性不强。只有读者有充裕的时间，并了解某一高校图书馆的基本情况，才能主动到这一图书馆寻求服务，否则就不会去这一图书馆。流动服务则不同，它的出发点是社会读者的文献信息需求，是高校图书馆充分了解社会读者需求的基础上，通过流动图书馆、个性化服务、专题咨询、网络传递等方式提供服务，其专指性和针对性比较高。

以上两种服务模式的结合，根本目的是以社会用户的信息需求为主要目标，采取动静结合的方式提供服务。这种模式的关键点在于：阵地服务要突出资源和服务方式的宣传，要在高校图书馆网页的醒目位置介绍本馆为社会用户提供的服务内容、本馆的资源体系和需要注意的规定等，让社会用户一目了然，以方便他们更好地利用图书馆。流动服务可以采用两种方式。一种是高校图书馆自己组织专门的人员，针对社会用户的知识结构和信息需求，结合自身的馆藏特点，在当地社区或农村乡镇建立流动图书馆，定期运送一定数量的文献信息，供本地社会用户使用。也可组织相关的专家，到流动图书馆处举办专题的知识培训和讲座，帮助本地居民提高知识素养和业务技能。另一种是加入到本地公共图书馆开展的流动图书馆阵营中，以成员馆的身份定期为联盟流动图书馆提供文献资源，而人员和流动车则由中心馆统一提供。

6. 中介机构服务模式

这种模式是借鉴现在市场上的一些中介公司而构建的，其构建模式是：社会读者与高校图书馆不直接打交道，而是与本社区的类似信息服务公司或知识服务公司的中介机构进行联系。这些中介机构可以与本地区甚至跨地区的高校图书馆建立合作经营关系，中介公司根据本地区社会读者的文献信息需求向高校图书馆提出文献或知识请求，高校图书馆根据中介公司的请求，为中介公司提供相应的文献或知识信息。中介公司和高校图书馆通过一定的合同进行合作，合同中可以规定文献提供的方式、途径，费用的结算，文献的使用时限，数据库使用的知识产权保护，文献在使用中损坏的赔偿等。这种模式既解决了高校图书馆在社会化服务中涉及的资金、场地和人力问题，又最大限度地满足了社会读者的文献信息需求，特别适合高等院校比较少的地区。这是高校图书馆开拓信息市场，开展社会化服务的有效途径。本机构应按企业管理，选择懂经营、会管理、熟悉信息市场状况的负责人。开展的服务项目包括高校科技成果转化，提供技术资料和市场供求信息，利用馆藏文献和网络信息资源，进行技术成果、信息产品的开发、转让，在发明与生产者之间牵线搭桥。同时面向企业承接技术咨询和课题，利用图书馆的信息优势和人才优势，解决企业的技术难题，促进开发科技产品，加速科研成果早日进入市场，面向社会读者开展多种形式的文献信息服务[29]。

7. 有条件限制的服务模式

该模式是指在不影响满足本校读者之需求的情况下，有条件、有选择地向社会读者提供服务，其限制内容分为：①限制读者，即向特定社会读者开放，以减少对本校读者学习的影响。②限制地区，即以办理会员证的方式允许邻近社区民众参加讲座、培训和借阅等活动。③限制时间，即根据本校读者使用图书馆的时间特点，利用学校假期时间开放服务。④限制资源，即仅向社会读者提供某项资源，如电子资源、信息咨询和远程培训等。⑤限制数量，即在可控的范围内对外借阅，每天的外借流量有数量控制。⑥限制分区服务，即将高校图书馆馆内某楼层或区域分离出来，专为接待校外读者之用[30][31]。

8. 知识服务模式

知识服务也称信息增值服务，其早期服务形式是定题服务、专题服务。是一种根据读者需求，一次性或定期不断地将符合需求的最新信息传送给读者的服务模式。

高校图书馆知识服务是通过知识服务人员独特的知识和能力，借助先进技术和设备对馆藏资源、网络资源等进行挖掘、组织、开发和集成等一系列深层次加工后形成的增值的知识产品，融入用户解决问题的全过程之中。知识服务是高校图书馆服务的重点内容，为社会用户提供知识服务是走向社会化、体现价值的重要途径,但知识服务对馆员的要求较高,因此目前还处于探索阶段。

高校图书馆社会化服务要以社会需求为准则,加大知识开发的力度。知识服务不仅是高水平和深层次的,而且是专业化与个性化的。高校图书馆必须针对企业用户提出的特定课题和项目开展知识服务,利用丰富的馆藏资源,运用先进的信息搜集手段,对企业所需的技术、供求、管理、决策等相关信息进行收集与加工,提供政策措施、同行企业的发展态势等知识服务,形成既有深度又有广度的高质量知识服务产品。高校图书馆可以尝试建立知识服务中介机构,积极开拓信息市场,直接参与知识竞争,为企业开展信息咨询和中介服务。根据市场趋势,开展高校科技成果转化服务,筛选具有前景的实用技术或专利,分析经济效益和实施条件,形成可行性报告,通过个性化推送、学科化推送与交互式推送等服务形式,在发明与生产者之间牵线搭桥,协助完成技术成果、信息的开发与转让。如复旦大学、上海交通大学等高校图书馆已尝试向企业开通知识服务平台,利用高校丰富的信息资源和人力资源有计划地为企业服务,在社会化服务中展现高校图书馆的崭新形象与独特魅力[32]。再如宁波大学图书馆以校内资源为依托成立了科技信息事务所,该事务所联合宁波市产品质量监督检验所共同组建了“宁波文教用品研究中心”,全方位收集、整理和分析文教产品研发与营销等相关信息与资料,从而在文教产品的质量技术规范、产品研发方面做出了不少的贡献[33]。

以上服务模式并不是独立、相互割裂的,在具体的实践中,必须视社会用户的知识信息需求、高校图书馆的馆藏特色、服务手段、经费许可、空间承受能力以及政府支持力度等因素,采用某种或某几种模式。在当下的环境下,应尽可能地先向社会用户提供休闲阅览、网上信息浏览等最基础的服务,然后在条件许可的情况下,逐步提供文献外借、科技查新、文献远程传递、联合参考咨询、流动图书馆、知识讲座等服务。

参考文献

[1][2][3][6][9][12] 王宇,高校图书馆社会化服务研究[M].北京:中国社会科学出版社,2014.

[4] 谢丽娟,郑春厚,吴庆伟.中美高校图书馆社会服务比较研究[J].图书馆建设,2009(2).

[5] UCDAV IS EXTENSION. Resources and Services[EB/OL].[2015-12-21]. http://extension.ucdavis.edu/open_campus/resources.asp.

[7] Alumni Services[EB/OL].[2015-12-20]. http://www.mannlib.cornell.edu/services/alumni/in2dex.cfm.

[8] 李金芳,车慧,钟文娟.美国高校图书馆校友服务的典型案例及对我国的启示[J].情报资料工作,2012(4).

[10] UCDAVIS EXTENSION. Osher Lifelong Learning In2stitute[EB/OL].[2015-12-21]. http://extension.ucdavis.edu/unit/osher%5Flifelong%5Flearning%5Finstitute/index.asp.

[11] 谢丽娟,郑春厚.美国高校图书馆社会服务发展现状及启示[J].中国图书馆学报,2009(2).

[13] 朱忠新,姜惠芬.论高校图书馆社会化服务的模式[J].图书馆学研究,2004(3).

[14] 陶芸健.社区流动图书馆工作的探索——以常州工学院社区流动图书馆为例[J].常州工学院学报,2012(5).

[15] 李征.高校图书馆社会化服务模式探讨[J].现代情报,2009(2).

[16] 曹红.高校图书馆社会化服务浅谈[J].网络财富,2009(11).

[17] 何小红,贾筱筱,丁鹏.高校图书馆社会化信息服务模式研究[J].图书与情报,2015(3).

[18] 路茂林.创建高校图书馆开放服务新思想[J].农业图书情报学刊,2009(3).

[19] 李美琴.浅论高校图书馆社会化服务中需要处理的几个关系[J].科技情报开发与经济,2012(6).

[20] 中国高等教育文献保障系统[EB/OL].[2015-12-21]. http://project.calis.edu.cn/calisnew/calis_index.asp? fid=1&class=1.

[21] CASHL开世览文,项目概况[EB/OL].[2015-12-21]. http://www.cashl.

edu. cn/portal/html/article19. html.
[22] CADAL 简介[EB/OL]. [2015 - 12 - 21]. http://baike. baidu. com/link? url = b5eCr_NvZSjk8pC309lZRZDqe1g6sQVm4DD3OZABlKTftZc_lXwwfJIfSv9gn6-QzMgkaDOpK1DEgG_93Nz_b_.
[23] 王永芳. 区域高校图书馆联盟社会化服务的实践分析[J]. 农业图书情报学刊,2015(7).
[24] 王云,许磊. 关于校地共建共享图书馆的探索与思考[J]. 中国图书馆学报,2006(5).
[25] 刘云英. 拓展高校图书馆社会服务职能的途径探讨[J]. 晋图学刊,2011(4).
[26] 李梅军. 高校图书馆面向社会服务研究[J]. 图书馆工作与研究,2008(5).
[27][28] 沈颖. 高校图书馆社会化服务创新探究[J]. 河南图书馆学刊,2009(5).
[29] 郭春兰. 论高校图书馆社会化服务[J]. 天水师范学院学报,2008(5).
[30] 朱萍. 论高校图书馆服务社会化的必然性及实现途径[J]. 高校图书馆工作,2005(2).
[31] 王玉林,曾咏梅,崔然,等. 我国高校图书馆面向社会开放现状调查[J]. 图书与情报,2011(6).
[32] 周华生,郑瑜,朱甫典. 制约高校图书馆知识服务社会化的问题及对策[J]. 现代情报,2006(5).
[33] 吕亚娟. 高校图书馆社会化服务研究[D]. 湘潭大学,2011.

第九章　高校图书馆社会化服务的保障机制

高校图书馆社会化服务的健康运行,不仅要掌握国内外此领域的研究成果,充分借鉴现有的、成功的运行模式,还必须在政策许可的范围内建立健全科学实用的机制,确保此项工作不断发展,取得更大的成绩。

一、高校图书馆社会化服务应遵循的原则

1. 校内优先原则

应该说,对社会用户提供文献信息服务的主阵地还是各级公共图书馆。高校图书馆之所以提倡向社会开放,实行社会化服务,主要是因为它的馆藏资源比较丰富、服务手段比较先进等因素。但高校图书馆是以高校师生作为其主要服务对象,保障正常的教学与科研工作是其主要任务,也就是说,本校师生对于高校图书馆的资源与服务的利用是拥有优先权的。对此,斯坦福大学就有这样的规定:任何情况下,任何机构和个人一旦侵犯了斯坦福大学师生员工使用图书馆的优先权,图书馆保留拒绝其使用图书馆的权利[1]。耶鲁大学图书馆要求非耶鲁用户在使用耶鲁图书馆资源之前应已经查遍所有其他可用的资源。除非特别说明,耶鲁图书馆不对非耶鲁的本科生、中学生和小学生提供服务。这一规定保证了耶鲁成员对图书馆的优先使用。但是作为收集、整理、保存、提供文献信息资源的文化教育机构,高校图书馆和公共图书馆都是为政治、经济及文化服务的,二者从本质上来讲是没有太大区别的,这也成了高校图书馆对社会开放的一个基础。因此,高校图书馆对社会开放,必须是有前提的,即高校图书馆必须是在

充分满足本校师生的需求、不影响本校正常的教学科研工作的基础上,向社会开放。一旦这一前提被打破,高校图书馆将会失去其本身的立足点,也就无法提供对社会开放这样的拓展性服务了[2]。

坚持校内优先原则的另一个重要原因是我国高校图书馆的现实状况。近年来我国高等院校学生数量逐年加大,尽管图书馆的馆舍、文献资源和服务手段有了明显的改善,但除了少数“985”“211”高校外,其他高校图书馆在资金、馆舍、资源和服务手段上还不能完全满足本校师生的知识信息需求。所以,高校图书馆在实现社会化服务时,一方面作为社会化服务的重要力量,要积极地向社会开放;另一方面本着自己最基本的职责为本校师生服务,坚持在注重自身服务的前提下向社会用户积极服务。高校图书馆对社会开放应秉承本校师生优先的原则,这不仅是高校图书馆职能所在,更是争取高校广大师生支持的前提条件,当校内读者和社会用户产生同样的信息需求时,以优先满足校内读者需求原则处理,这样不仅有利于保证教学科研工作的顺利进行,更加能够保证高校图书馆社会化服务长期、持久、有序进行[3]。

2. 经济效益和社会效益相统一的原则

高校图书馆依靠学校品牌效应、人才优势、科技优势、信息优势,应该说比一般社区性图书馆在向社会开放过程中更有条件取得较大的经济和社会效益。因此,高校图书馆应该成为满足各个方面、各个层次的社会需求,成为一定社区内或者一定行业的信息服务中心。这样,学校的人才优势和科技优势才可以得到充分发挥,以满足社会各界诸方面的要求,又可以使高校图书馆拓展信息产品开发的深度和广度,形成需求信息与服务信息的及时交换与信息输入和信息输出的良性循环[4]。另一方面,现阶段,高校图书馆的运行主要还是依靠学校拨款,资金有限,经济效益也是不可忽略的因素。在社会化服务过程中要考虑成本问题,在成本和效益之间寻找新的平衡点,实现社会效益与经济效益的和谐统一,相互促进,保持图书馆充满活力,形成良性循环发展[5]。

坚持这一原则必须注意以下几点。一是要遵循市场运行规律,运用信息经济学的原理衡量评价社会化服务的经济效益,努力提高服务的"投入产出比",提高社会化服务创造的净收益,争取经济利益。二是坚持把社会效益放在首位。图书馆的本质属性决定了图书馆服务必须以社会效益为主,不能以任何借口向读者收取不正当的费用或多收费用,同时要形成有利于把社会效益放在首位的环境和条件。三是尽可能实现社会效益与经济效益的统一。社会效益和经济效益是相辅相成的,高校图书馆社会化服务要在坚持社会效益第一的前提下实现社会效益和经济效益的统一[6]。

3. 量力而行原则

高校图书馆开展社会化服务后,随着社会用户的不断介入,将会对主体用户(本校师生)在利用图书馆的馆舍资源、文献资源和网络资源等方面产生一定的影响。另一方面,随着高等教育大众化的推进,如今全国高校在校学生人数急剧增加,教学资源严重匮乏,高校图书馆自习室、阅览室一座难求现象普遍存在。如若面向社会全面开放,原本紧张的教学资源被社会读者占用,影响校内读者使用,加剧教学资源匮乏的矛盾。同时,由于高校图书馆的情况千差万别,所面对的社会信息环境也各不相同,每个馆在实行对外开放进程中绝不能照搬其他馆的方式、方法,应仔细分析自身经济实力、技术实力、馆藏实力及馆藏特点量力而行,在满足本校师生正常借阅情况下合理确定开放范围和开放程度,做到因地制宜,有所为有所不为,才能取得良好的社会化服务效果[7]。在具体开放的措施选择上,可结合自身的馆舍、资源、设备和人力状况而定。如果是馆舍面积大,数字化资源不足,可以先选择开辟校外用户自习浏览室,提供报刊和部分图书阅览服务。如果是馆舍紧张,但数字化资源比较丰富,现代化设备比较先进,可选择向社会用户提供自助复印、网上数字资源浏览、远程文献传递等服务。如果本馆的人力资源比较强,可以选择定期举办专题知识培训和讲座。

4. 循序渐进原则

高校图书馆社会化服务是历史必然,在实践中取得了一定成绩,但由于诸多因素的影响,大规模、系统化的服务格局尚未形成。不论思想观念、法律法规、运行经费,还是馆员素质、技术手段、知识产权等方面,均在一定程度上阻碍了高校图书馆社会化服务的发展,社会化服务还有很长的路要走,不可盲目推荐,需要依据自身实际情况,有计划、有条件地逐步开展,坚持循序渐进原则,充分发挥高校图书馆对社会开放的积极作用,不断提升高校图书馆的服务能力和社会影响力[8]。

根据教育部2015年颁布的《普通高等学校图书馆规程》第37条规定,“图书馆应在保证校内服务和正常工作秩序的前提下,发挥资源和专业服务的优势,开展面向社会用户的服务”。高校图书馆既要转变观念,主动为社会用户提供服务,又不能盲目行动,全面铺开。要在正确理解本馆所处的地理位置、本馆的馆舍状况、资源构成、硬件设备以及社会用户文献信息需求状况的基础上,有计划、分阶段、有步骤地开展社会化服务。具备条件的服务项目可先行开放,其他的等条件成熟后再行开放。

坚持循序渐进的原则,要求高校图书馆在实施社会化服务时要根据自身的条件和能力大小,适度地、循序渐进地向社会读者开放。要处理好校内服务与校外服务的关系,避免社会化服务给校园基本服务带来负面影响[9]。

5. 以用户为中心原则

高校图书馆服务的目标就是用户,满足用户知识信息需求是高校图书馆服务的最大愿望,社会化服务更是如此。高校图书馆在政策法规不是太完备、基础条件不是太健全、信息资源不是太完善的条件下,主动向社会提供服务,本身就有一定的难度。在这种情况下,开展社会化服务就必须充分了解社会用户的知识信息需求,坚持以用户为中心，针对用户的知识信息需求提供服务。只有坚持以用户为中心的原则，才能保证高校图书馆服务更加切合个类读者实际，并在一定程度上减少图书馆的人力和财力。

高校图书馆社会化服务坚持以用户为中心，必须首先对社会用户进行分类。每类用户对知识信息的需求不同。科研用户需要综述性、专题性和最新的研究资料，政府用户需要宏观政策方面的资料，企业用户需要技术性、实用性的信息资料，中小学生需要基础性、科普性的文献资料，普通居民喜欢保健类、休闲类的读物。另外，社会用户还有不同国度、不同民族、不同职业、不同学历的区别。高校图书馆在提供社会化服务时，应适应多层次、多样化的信息需求，为用户提供多元化的知识信息服务。

坚持以用户为中心原则，要求高校图书馆既要营造温馨舒适典雅的学习环境，建立良好的图书馆用户界面，又要根据用户文献信息需求和本馆的资源体系、服务设施提供有针对性的服务。对科研读者和校友可发放一定权限的借阅证，对政府用户和企业用户可采用专题服务的方式为他们解决相关问题，对于普通社会用户可提供阅览休闲和网上浏览服务，而对于中小学生可利用节假日和寒暑假为其提供专项服务。要在原有馆藏基础上，合理使用购置经费，重点建设本馆特色馆藏；同时，力争实现图书馆联盟来丰富本馆馆藏，逐步建立健全为社会服务的资源体系，通过资源共享有效提高社会用户的满意程度。

6. 共建共享原则

图书馆自从它诞生之日起就一直背负着一个矛盾问题：图书馆用户对信息资源的无限性需求与图书馆提供信息资源能力有限性之间的矛盾。从单个图书馆的现实情况来看，图书馆用户的信息资源需求始终是无限的，而图书馆所能拥有的信息资源始终是有限的，用有限的资源去满足无限的需求是不可能的。尽管高校图书馆相比公共图书馆来说，其文献信息资源比较丰富，但任何一个高校图书馆不能完全满足社会用户的所有需求。尽管如此，用有限的资源最大限度地满足无限的需求又是完全可能的。实现这种“用有限的资源最大限度地满足无限的需求”的途径就是走资源共享之路。高校图书馆开展社会化服务必须坚持共建共享原则[10]。

所谓信息资源共享，是指图书馆在自愿、平等、互惠的基础上，通过建立图书馆与图书馆之间以及图书馆与其他机构之间的各种合作、协作、协调关系，利用各种技术、方法和途径，共同揭示、共同建设和共同利用信息资源，以最大限度地满足用户信息资源需求的全部活动[11]。

信息资源共建共享的主要形式包括图书馆网和图书馆联盟。共建共享的内容包括合作建设馆藏、合作开展馆藏文献数字化、合作编目、共同组织整理网络资源、馆际互借、互借馆藏、合作解答咨询、合作储存文献、联合培训馆员、合作开展研究开发项目、信息发布和合作建设图书馆馆舍、合作投入图书馆运行经费等[12]。

坚持共建共享原则必须从两个方面着手。其一是建立健全高校图书馆联盟或本地的区域性图书馆联盟，通过联手共建提高社会化服务的整体能力。通过相关协议，利用各种手段加强联盟间的资源共建，对网络信息资源及各方面文献资料进行收集、筛选和整合，建立起学科导航、学科门户网站和联合咨询平台，实现馆际互借和文献传递，构建完善的公共信息服务体系，提供多元化服务。其二是要与政府、企业合作建立多种服务平台，或者通过与政府、企业共建图书馆，寻求政府支持，引入互动机制，拓宽服务领域，建立高校、政府、社会三者间良性互动运行机制，实现共建共享目标[13]。坚持这一原则，既要在理论上鼓励建设图书馆联盟，鼓励高校与政府、企业共建图书馆，鼓励高校图书馆向社会开放，又要注重利益分配，注重谁出力谁就得受益，尽最大力量为社会用户提供服务。

7. 最大效用原则

让任何地方的任何读者，在任何时候，利用到任何图书馆的任何文献信息资源，是整个图书馆同仁为之奋斗的最终目标。最大限度地挖掘图书馆的潜力,使其文献信息资源的利用率达到最大,是高校图书馆开展社会化服务的原则之一。不论是为本校的师生服务,还是面向社会提供服务,只要调动了每一份文献信息的能量,图书馆的目的就达到了[14]。

坚持最大效用原则,就是要求高校图书馆在满足本校用户需求的基础上,认真分析本馆文献信息资源的类型、结构和利用情况,认真分析本馆馆舍空间、技术手段和服务项目开展的效果,尽最大努力,让图书馆的每一寸空间、每一份资源和每一件设备发挥最大的功能,让图书馆的每一项服务得到最好的效用。尤其是对于那些利用率较低、多年处于闲置状态的文献信息,更要想办法推向社会,为社会用户提供服务。

8. 以人为本原则

《图书馆服务宣言》提出:“图书馆在服务与管理中体现人文关怀。图书馆致力于消除弱势群体利用图书馆的困难,为全体读者提供人性化、便利化的服务。”人文服务包括两方面内容:一是服务与管理的人性化,即针对所有服务对象,要求图书馆在服务中关爱读者、方便读者;二是保障弱势群体的信息需求,即对弱势群体信息需求的人文关怀,是图书馆实现知识公共目标的一个重要任务[15]。

坚持以人为本原则,既要求高校图书馆在制订计划、设置服务项目时要考虑信息用户的国籍、民族、职业、年龄、文化程度等多元文化的因素,提供多元化服务,又要充分考虑弱势群体在信息需求、信息检索、信息利用方面的特殊性,为他们提供特殊服务。高校图书馆要提高社会化服务的知名度和服务效果,应当保证人人便于享有,应当是近距离的、经常性的、容易获取的服务。因此,图书馆的设施布局合理、就近服务群众生活圈、信息的公开化、电子化,图书“通借通还”等便利服务都十分必要。要改造馆舍设施,建设残疾人无障碍通道,设立盲人阅览室,在阅览室提供老花镜、纸、笔等常用物品。在图书馆公共场所摆放沙发,提供开水,以供读者休闲之用,为部分丧失行为能力的读者提供特殊服务等。充分保障弱势群体享有同其他读者一样的权利。

高校图书馆社会化服务以人为本理念要突出新的内涵。面对新型信息技术带来的信息分化,如何消除信息鸿沟成为信息社会图书馆的又一艰巨任务。高校图书馆需要打破原有束缚,积极主动地融入社会,把握用户需求,开展多层次、多途径、多内容的服务活动,扩大社会服务受众面,方便社会读者利用和获取信息。在服务过程中,根据社会读者的信息使用习惯、偏好、特点以及用户特定的需求,实现恰当的时间和恰当的地点让用户得到满意服务的目标[16]。

二、高校图书馆社会化服务的保障机制

1. 政策法规保障

高校图书馆社会化服务的良好运行和大力发展,最需要的是政策和法规方面的保障。纵观美国、英国、法国、日本等国家,在 19 至 20 世纪就已经出台了图书馆法或图书馆专门法,有效地保障了高校图书馆的社会化服务工作。我国尽管已经对图书馆法进行了几次讨论和修改,但至今还没有正式颁布,仅有个别地方制定了地方性图书馆法规和条例,如北京、深圳、内蒙古、湖北、上海和河南等,其他大部分省、市、自治区还没有图书馆法律或法规。

首先,国家应高度重视高校图书馆社会化服务工作,把此项工作上升到整个国家的创新驱动和科技文化大国的战略规划中,在科技政策、文化政策和高校教育政策中鼓励和提倡高校图书馆进行社会化服务。尤其是各级地方政府,要把高校图书馆的文献信息、技术设备和馆舍空间作为一种十分重要的资源,出台一定的政策,使高校图书馆的珍贵资源为当地政府、企业和居民服务。其次,应在充分准备的基础上,尽快出台《图书馆法》,把高校图书馆如何进行社会化服务写进立法。《图书馆法》应吸取原有《省(自治区、市)图书馆工作条例》

(1982年)、《普通高等学校图书馆规程》(1987年颁布、2002年修订)和《中国科学院文献情报工作条例》(1991年)的精神,以中央层面统一指导各级各类型图书馆工作,在为图书馆可持续建设提供法律支撑的同时,为各级各类型图书馆向社会普遍开放、平等服务提供法律依据[17]。《图书馆法》要给高校图书馆社会化服务一个准确的定位,规范其行为,明确权利、义务和法律关系。主要包括高校图书馆社会化服务的领导体制,有关的资源规划,经费的法律保证,服务队伍的法律保证;用法律来规定高校图书馆社会化服务的定位,规范其行为,保障其服务;用法律来规定高校图书馆的服务职能,规定对人员的要求;用法律规范高校图书馆社会化服务与政府的关系、与地方图书馆的关系、与高校图书馆的关系、与地方文化部门的关系、与文教事业的关系、与工商税务的关系、与工作人员的关系及收费原则和免费的关系等[18]。

2. 资金来源保障

目前我国公众对高校图书馆提供社会化服务的呼声较高,但高校图书馆的响应仍存有顾虑,这种顾虑集中体现在以下两点:一是担心影响高校自身服务效果,增加管理难度;二是高校图书馆社会化服务难以获得相应的经济回报。高校图书馆社会化服务必然会增加服务工作量,现有馆藏资源也相对显得稀缺,但只要高校图书馆创新自身管理模式,社会也适当给予高校经济补偿,顾虑是完全可以打消的。

图书馆服务同实物产品一样,管理和服务时需要投入人力、物力、财力等成本。近年来,高校办学规模不断扩大,高校图书馆面临校内服务的压力,自身建设存在一定资金需求。如果片面地强调高校图书馆的公益性而否认其产业性,将使其与社会之间相互封闭,高校图书馆的持续发展也就缺少社会在物质、能量与信息等方面的支持,无法满足人民群众日益增长的文献信息需求。

不论社会公众享受何种类型的图书馆服务,都必然要涉及成本补偿问题,即图书馆的公共服务由谁来埋单。正因为图书馆服务的公益性，政府应是图书馆建设和服务的主要投资者，这一点是不容置疑的。高校或者说高校主管政府机构是高校图书馆建设的投资者，高校师生享受高校图书馆服务无疑应是免费的。社会公众不是高校图书馆服务的主体，或者说社会读者利用高校图书馆给高校图书馆增加了额外服务，这些额外服务成本应由当地政府或社会读者来埋单。

高校图书馆社会化服务中的基础部分，如文献借阅应由当地政府承担。政府要根据高校图书馆社会化服务的实际效果或者工作量来支付成本，这就是高校图书馆社会化服务的政府补偿。政府补偿的方式很多，如政策支持、共建图书馆、项目委托，也可根据资源传递或服务的数量来核算补偿金额。成都市温江区将一些公益服务项目面向区内的几所高校进行招标，既发挥了高校资源优势，又节约了公共服务成本。这一做法为构建高校图书馆社会化服务的补偿机制提供了有益的借鉴。政府承担高校图书馆社会化服务补偿的主要部分，至于高校图书馆社会化服务中的信息增值而产生的成本增加则需要特定读者——用户来承担，这既是对高校图书馆智力劳动的尊重，也是为了防止高校图书馆资源被滥用。因为电子信息技术的使用，图书馆运营成本增加而造成的收费，用户给予了极大的包容和配合。通过服务补偿，让高校图书馆在社会化服务中得到一定的回报，降低服务成本，既可提高高校图书馆的服务能力和可持续发展动力，也可促进高校图书馆社会化服务的积极性。

经济补偿是高校图书馆社会化服务的一种动力，而不应成为一种价值追求。高校图书馆提供社会化服务是出于公益精神，而不是牟利的动机，提供服务满足社会群体的需要，而不应追求尽量多的盈利。无论收费还是免费，图书馆运营的一个核心理念应该是“以用户需求为中心”。社会公众应逐步树立文化消费意识，不能只以高校图书馆“是否收费”来衡量图书馆的运营价值观。高校图书馆也应坚持公共服务为主导，本着“公益、平等、互惠”的原则，与当地政府及职能部门积极开展调研，从法制、政策、管理上建立并不断完善，最终形成适宜高校图书馆社会化正常、持续服务的经济补偿机制[19]。

3. 资源保障

传统的资源仅指文献信息资源,大数据环境下高校图书馆的资源则扩展到信息资源、人力资源、技术资源、空间资源等。人力和技术资源在后面单独列出,这里就信息资源和空间资源保障做一论述。

充足而完善的信息资源体系是高校图书馆开展社会化服务的基础,只有不断丰富馆藏信息资源、完善信息资源结构,才能使信息资源更适合社会用户的需求,形成开展社会化服务的有力保障,更好地实现高校图书馆社会化服务。高校图书馆要实现社会化服务的资源保障,必须从以下几个方面努力。一是继续争取学校对图书馆的资金支持,实现文献信息资源的持续增长,包括传统的纸质资源和现代的数字资源都要有所增长。二是充分发挥区域性图书馆联盟的作用,进一步加强集团购买力度和资源共建共享力度,突出资源的整体实力。三是调动各方面的资源和活力,通过馆际互借、文献传递、网络查询等手段,补充馆藏资源的不足。四是争取各方面(如社会人士、校友)的捐赠,间接增加馆藏文献。

高校图书馆面向社会服务后,需要在资源购置时不仅考虑本校用户的信息需求,还要考虑社会用户的信息需求,针对社会用户的资源喜好、阅读范围、阅读量以及利用图书馆获取资源方式等需求特点,有针对性地补充相关资源。既要保障本校用户的使用不受影响,又要兼顾社会用户的信息需求得到保证。力求将不同类型的资源,按照一定的规律,通过集成、分析、综合的手段,使不同资源形成一体化的有机整体,使高校图书馆的资源利用最大化[20]。

针对社会用户的需求,高校图书馆应充分利用图书馆空间,或利用图书馆空间再造理论,对图书馆空间进行合理规划和改造。条件允许的图书馆可以直接开辟出校外用户阅览室,为校外用户提供本馆报刊、电子文献及部分图书阅览服务。不具备条件的图书馆可以通过相关制度和手续,为校外读者提供图书馆公共区域,为他们学习休闲提供方便之地。

4. 人力资源保障

高校图书馆进行社会化服务,人力队伍素质是关键。原来只为本校师生服务,服务对象比较单一。开展社会化服务后,服务对象转变为多类型、多层次的读者群,对高校图书馆员提出了更高的要求。高校图书馆必须加强人才管理,通过奖励机制和竞聘上岗机制激发馆员的积极性,合理分配馆员的岗位,做到人尽其才。

首先,要增加图书馆服务人员的数量,在数量和规模上达到社会化服务的要求,保证有足够的人员开展社会化服务。其次,要不断完善服务人员的年龄结构、专业结构和能力结构,既保证有一定数量的图书情报专业人员,还要求有一定比例的计算机技术、网络技术人员,还必须配备其他专业的工作人员。另外,还要求图书馆员具有高度的事业心和责任感,具有高涨的工作热情和娴熟的工作能力。再次,要设立专门部门或抽出专门人员开展社会化服务。可以在高校图书馆设立社会服务部,抽出专人负责此项工作。也可以采用兼职的方式,以任务和社会用户的需求为导向,进行社会化服务。另外还可以通过培训的方式,专门培训社区图书馆的工作人员,提高他们的业务素质,通过他们为广大社会读者服务。最后,要引入一定的管理机制,保证社会化服务人员工作的成效。对参与社会化服务的人员,要执行合理的职业教育机制、竞争机制、激励机制,在以社会效益为先导的基础上,尝试引入企业化管理机制,提高图书馆员的待遇和社会地位,积极引进复合型人才,防止人才流失[21]。

5. 技术保障

随着现代化技术在图书馆应用和逐渐普及,利用现代化技术和设备向用户提供的服务也越来越多,高校图书馆开展社会化服务同样离不开现代化技术和设备的支撑。通过网络及网络通信技术,不仅能够降低用户获取服务的难度,延伸服务范围,使分布在各地的人群都成为潜在的服务对象，而且让图书馆突破了物理空间和实体资源的束缚，让社会化服务更加容易操作和实施。

高校图书馆实现社会化服务的技术保障大致有三个方面。其一，提供开展服务的基本设备和技术。高校图书馆首先要引进业务管理系统，实现图书馆自动化管理。其次要建立和完善馆藏文献的书目数据库建设以及服务对象（包括社会用户）信息库建设。再次要提供计算机、打印机、无线上网等基本的技术设备，保证最基本服务的开展。其二，充分利用现代化技术，购买和自建数字资源，开展丰富多彩的服务活动。首先要建设好图书馆主页，把图书馆能够提供的和用户需要了解的基本知识和服务项目最大限度地在图书馆主页中反映出来，如馆内新闻、新书通报、馆藏动态、服务项目、特色资源、数据库介绍等。其次要尽可能提供多元化的服务项目，可利用移动图书馆技术提供移动阅读服务，可利用网络平台提供网上参考咨询服务，可利用远程传递技术提供馆际互借和文献传递服务。还可通过博客、微博、微信等社交网络工具发布信息、推荐服务，方便各类用户参与并进行互动。利用 Wiki 百科可以构建馆内知识库、专题指南、主题标引，还能在馆员和用户之间建立起交流平台[22]。其三，利用现代化技术建立并完善图书馆联盟运行平台以及图书馆与社会用户的交流平台。例如，东北师范大学图书馆依托吉林省图书馆联盟，利用高校的人才和技术优势，打造了吉林省图书馆联盟云服务平台，该平台将实现集约化管理、资源集成服务、普惠民众，采用云计算技术，吸纳了云服务模式和理念的综合性、开放式、公益性，不仅能向读者提供国内外多馆文献资源的发现与一站式服务，而且能向读者提供云存储服务、云软件服务、个人数字图书馆订制等多项服务。图书馆联盟运行的关键技术在于联盟之间的信息共知共享以及共享平台的正常运行。另外，高校图书馆可利用一定技术建立图书馆和用户的互动平台，包括网上咨询平台、信息推送平台和馆内数据库使用技术等，尽最大限度保证社会化服务的顺利进行。

6. 制度保障

任何人都可以上大学这一点没有任何异议，但是，要到高校图书馆查阅资料可不是谁想去就能去的事情，各馆的制度不同读者所得到的服务标准也差异较大。这就暴露出高校图书馆对社会读者缺乏统一的服务标准问题。要解决这个问题首先要考虑：①高校图书馆向社会开放要有统一的规章制度；②高校图书馆要具有统一的社会服务联盟体系；③高校的资金投入中应该有公益性的资金。这三点考虑的目的就是要确保高校图书馆服务社会能顺利进行，社会读者到高校图书馆接受服务就会理直气壮[23]。

高等学校管理者必须打破现行的管理体制，给予图书馆更多的自主权，健全馆长负责制和民主管理制度，重新合理配置资源，建立相应的激励制度与管理制度，鼓励有条件的图书馆向社会开放。高校图书馆要根据自身的实际情况，在不影响正常的为教学科研服务的同时，改革原有规章制度中不利用社会化服务的条条框框，制定馆员为社会用户提供信息服务时需要遵守的规章制度，同时规范社会读者的行为，从而减少校内读者与社会读者的冲突。例如在开放时间、开放对象、开放范围、收费标准等方面制定配套的管理办法和规章制度[24]。对于开展的高校图书馆社会化服务工作，要在一定的时期，集中图书馆专家学者、地方政府官员和社会读者代表，倾听他们的反馈意见，并对服务工作进行科学的评价。通过评价，发扬成绩，总结经验，改正不足，以便更好地为社会公众服务。

高校图书馆在确立服务项目、建立课题组、完善管理措施等具体工作上都应反复调研、论证、修订完善形成全方位有效的规划。既要重视传统有效的服务方式和手段，又要不断学习和善于运用现代化的科学管理和服务技术，来提高服务效率。要不断冲破条块分割、各自为政的局面，建立与各类型图书馆之间、与地方政府信息部门之间、与社会信息服务中介之间的联系、交流与合作、加强业务往来，共同推动社会经济的发展和社会化服务的进行[25]。

长期以来我国高校图书馆坐拥海量的资源,却受制于管理机制、服务理念等等因素,虽有个别高校尝试开展社会化服务,但是到目前为止在是否全面的开展社会化服务方面讨论过多,实践过少。主要原因之一在于没有形成一套激励国内大学图书馆主动开放、主动服务社会公众的机制。反观美国等西方发达国家高校图书馆都是主动地去为社会公众提供服务,通过不断地探索和实践,在社会化服务方面取得了不错的成绩。国外的公立大学图书馆之所以无条件地对社会开放,是基于公立大学的经费是由国家的税收来支持的,因此大学的设施、图书馆资源也都要向社会公众开放。这也是大学图书馆不断提升自身的社会责任意识的一种体现,而政府也很注重通过立法来激励大学图书馆主动积极地开展相关的社会化服务,如制定相应的社会化服务考核标准,根据大学图书馆开展社会化服务的效果,通过立法的形式给其相应的政策上或者经济上的支持,以此来保障大学图书馆开展社会化服务的经济基础,同时制定相应的政策及考核体系也会刺激大学图书馆领导主动寻求图书馆开放之路,保障大学图书馆能持续地开展社会化服务,提高大学图书馆资源的利用率,满足社会读者的科学文化需求[26]。

参考文献

[1] 韩宇.美国若干所著名大学图书馆的读者权利管理[J].大学图书馆学报,2008(2).

[2] 杜辉,王贵海.高校图书馆向社会开放的策略研究[J].图书情报工作,2013(24).

[3] 崔红雁,刍议现阶段高校图书馆对社会开放的原则[J].大学图书情报学刊,2009(4).

[4] 刘明玉.对高校图书馆社会化服务的思考[J].山东纺织经济,2011(7).

[5][9] 崔红雁,刍议现阶段高校图书馆对社会开放的原则[J].大学图书情报学刊,2009(4).

[6] 吴善锋.浅谈图书馆的社会效益和经济效益[J].科技信息,2012(33).

[7] 高敏.高校图书馆社会化服务发展研究[J].大学图书情报学刊,2011(4).

[8][13][15][16][20][22] 王宇,高校图书馆社会化服务研究[M].北京:中国社会科学出版社,2014.
[10][12] 蒋永福.图书馆学通论[M].哈尔滨:黑龙江大学出版社,2009.
[11] 程焕文,潘燕桃.信息资源共享[M].北京:高等教育出版社,2004.
[14] 赵国忠.高校图书馆社会化服务的平衡机制研究[J].情报探索,2009(12).
[17][19] 董乾枫.高校图书馆社会化服务动力机制研究[J].大学图书情报学刊,2011(4).
[18] 千学枝,金红敏.高校图书馆社会化服务法律地位探讨[J].情报资料工作,2004(年刊).
[21] 赵娟.谈开放环境下高校图书馆社会服务模式创新[J].西北成人教育学报,2011(5).
[23] 魏治国.高校图书馆社会化服务的新契机[J].情报资料工作,2007(4).
[24] 刘春梅.高校图书馆社会化服务探讨[J].情报杂志,2010(12).
[25] 吕亚娟.高校图书馆社会化服务研究[D].湘潭大学,2011.
[26] 岳庆荣.高校图书馆社会化服务的法律基础研究[D].辽宁师范大学,2014.

第十章 推动高校图书馆社会化服务进一步发展的措施

高校图书馆社会化服务需要及时转变观念，调动各方力量，采取多项措施，才能取得预期的效果。

一、转变观念，加强宣传，统一认识

观念问题是制约或推动行动的关键问题。要进一步推进高校图书馆社会化服务工作，必须从各方面转变观念，正确认识。必须从全社会的信息资源共享出发，正确认识高校图书馆的信息资源、设备资源和人力资源是通过国家投资建设起来的，不仅仅是某一单位的资源，而是全社会的资源。必须认识到国家投资建设的信息资源不是被动为少数一些用户服务的，而是为全社会信息用户服务的。要从资源利用最大化考虑，尽最大可能提高信息资源的利用率，而不是使信息资源呆滞。

观念的转变涉及几个方面。一是中央政府要转变观念，在制定政策和法律时充分认识高校图书馆社会化服务的重要性，从战略高度给予重视，并在资金、制度、队伍建设等方面付诸行动。二是高校领导要及时转变观念，及时跳出单一的教育圈子，树立大教育观，把高校图书馆置于社会的大环境中，使高校师生用户成为社会信息用户的一部分，在满足本校师生信息需求的基础上，制定相关的制度，采取有效措施，为社会用户提供服务。三是各级地方政府要及时转变观念，通过多方渠道，为高校图书馆社会化服务提供人力、财力和政策上的帮助。四是高校图书馆管理者及服务人员要及时转变观念。要敢于挑重担，勇于找麻烦，从信息资源最大化利用和社会信息用户的信息需求出发，千方百计地为社会用户提供服务。

高校图书馆必须加强宣传工作，树立市场观念和为社会大众服务的思想，加大向社区居民开放力度，力争使社区的每个居民都了解高校图书馆，了解高校图书馆的馆藏资源和服务流程，采取多种方法来宣传和介绍图书馆，从而达到对居民的吸引和组织作用，以激发人们走进图书馆的愿望[1]。

利用尽可能多的宣传手段与形式介绍和宣传图书馆。可采用综合式销售策略，即不直接介绍信息产品和服务内容，而是通过设备、人员构成、特色数据库、给用户带来的利益等方式和途径介绍图书馆本身情况，突出本馆的特点和成果。比如，我们根据用户借阅图书的数量、遵守借阅纪律的情况等给予一定优惠，目的是鼓励用户多利用图书馆的资源。同时，还对用户协助本馆图书馆扩大服务对象给予一定的推广优惠，以树立图书馆良好的市场形象，使用户产生信赖，从而扩大社会化信息服务的范围，扩大信息产品的销售[2]。

高校图书馆社会化服务的宣传工作必须双管齐下。一是各级政府通过各种媒体对高校图书馆进行宣传，包括政策、资源、服务项目、注意事项等，让全社会的信息用户了解高校图书馆。二是高校图书馆联合社区，在社区通过发传单、办专栏的形式宣传高校图书馆。要组织人员深入到社区、村镇，为社会人员宣传学习文化知识和获取信息资源的重要性，通过举办讲座、读者座谈会、图书展览、读书活动等多元化的宣传格局，向社会用户全面、系统地介绍高校图书馆馆藏资源布局以及服务宗旨、服务职能、服务项目等，并吸收社会人员到图书馆现场参观，加深对图书馆的了解，形成地校互动的关系，拉近高校与社会公众的距离，提高图书馆的知名度[3]。三是高校图书馆加强自身的宣传工作。可通过学校和图书馆主页进行宣传，也可通过举办阅读活动、资源使用培训活动、编辑宣传手册、编辑宣传片等进行宣传。现代图书馆是信息网络中的一个节点，其自身融入了国际互联网之中，成为庞大的网络信息资源库的一员，增强了读者对网络信息资源的使用性，所以图书馆主页设计上不仅要条理清楚、结构合理、主次分明，既体现图书馆自身风格，又体现了人文关怀特点，给读者亲切、好奇的感觉，而且还要加强主页的互动性，增强在线答疑咨询项目，充分体现对读者的关怀和体谅，让四面八方读者随时随地都能感受到图书馆的关怀，把图书馆的主页真正变成信息时代图书馆人文关怀服务的一个窗口，使读者真正享受到网络化带来的方便、快捷、轻松的人性化服务[4]。

二、制定高校图书馆社会化服务的有关法规，提供法律保障

截至目前，我国还没有出台一部正式的图书馆法，更没有一部关于高等学校图书馆的法规。对于高校图书馆，目前只有《普通高等学校图书馆规程》(2015 年修订版)。虽然我国部分省区陆续出台了地方性公共图书馆法规，如《上海市公共图书馆管理办法》《内蒙古自治区公共图书馆管理条例》《北京市图书馆条例》《广西壮族自治区公共图书馆管理办法》等，这些地方性法规比较全面地规定了公共图书馆的性质、特点、服务对象、应尽义务、读者权利保障等，为广大读者充分利用公共图书馆提供了法律保障，但由于高校图书馆还没有系统的法规，尤其在对社会开放服务方面没有法律规定，一些学校向社会开放只是由于理论研究或社会需要自愿进行的，开放项目和程度也十分有限。

解决机制有多种，其中较为可行的是尽快出台《图书馆法》，对图书馆工作进行详细规定，将各类图书馆功能进行统一规范，即对我国现有的国家图书馆、各类公共图书馆、各科技图书馆、各高校图书馆和中小学图书馆功能进行规范，通过立法明确各图书馆社会服务职责，特别是规定高校图书馆面向社会开放的义务、开放的资金来源、服务方式、协调机构、保障措施等，从法律上保障社会公民平等有效地利用

高校图书馆的文献资源。《图书馆法》对各类图书馆职责做出总体性规定，对各类图书馆社会化服务内容、时间、方式提出相应要求，具体实施方面由各类图书馆根据自身实际情况制定实施细则。其中高校图书馆社会化服务应当尽快实施，这是由中国高等教育目前已走向大众化教育的方式决定的[5]。

高校图书馆社会化服务的法规建设还应体现在《高等教育法》中。《高等教育法》是《中华人民共和国高等教育法》的简称，于 1998 年 8 月颁布，1999 年 1 月起执行，共包括 8 章 69 条。2015 年 12 月 27 日，根据第十二届全国人民代表大会常务委员会第十八次会议《关于修改〈中华人民共和国高等教育法〉的决定》修正。其中第 12 条规定，国家鼓励高等学校之间、高等学校与科学研究机构以及企业事业组织之间开展协作，实行优势互补，提高教育资源的使用效益。第 31 条规定，高等学校应当以培养人才为中心，开展教学、科学研究和社会服务，保证教育教学质量达到国家规定的标准。第 35 条规定，高等学校根据自身条件，自主开展科学研究、技术开发和社会服务。国家鼓励高等学校同企业事业组织、社会团体及其他社会组织在科学研究、技术开发和推广等方面进行多种形式的合作[6]。

可以看出，无论是 1999 年执行的《高等教育法》，还是 2015 年修订后的《高等教育法》，都或多或少地提到了高等学校面向社会服务、提高资源利用率的问题。虽然正文中没有直接提到高校图书馆面向社会服务，但作为高等学校的重要组成部分，图书馆的人力资源、设备资源、文献信息资源都是学校的重要资源，提高其利用率，尽力满足社会用户的需求，也是高等学校提高资源利用率的一个方面。笔者建议，在今后的修改完善中，可将图书馆的信息资源同实验设备、教师资源、学生资源和科研成果一同考虑，作为学校的可利用资源，在高等教育法中明确列出，把其列入学校社会实践活动或“三下乡”活动中，提高为社会服务的效率。

高校图书馆社会化服务最直接的一个指导性法规是《普通高等学校图书馆规程》。本规程颁布于 1987 年，2002 年和 2015 年进行过两次修订。2015年12月31日,教育部以教高〔2015〕14号印发《普通高等学校图书馆规程》。该规程分总则,体制和机构,工作人员,经费,馆舍,设备,文献信息资源建设,服务,管理,附则8章48条,自发布之日起施行。其中,在第4条图书馆的主要任务中明确提出,积极参与各种资源共建共享,发挥信息资源优势和专业服务优势,为社会服务。第28条规定,图书馆应坚持以人为本的服务理念,保护用户合法、平等地利用图书馆的权利,健全服务体系,创新服务模式,提高服务效益和用户满意度。第37条明确规定,图书馆应在保证校内服务和正常工作秩序的前提下,发挥资源和专业服务的优势,开展面向社会用户的服务。这一条规定为高校图书馆提供社会化服务提供了直接的法律依据。唯一不足的是规程中对高校图书馆开展社会化服务的具体做法如经费、人员、设施、服务形式、服务内容、工作评估等没有明确规定,今后需进一步完善。

图书馆行业制定政策法规也是一项系统工程,不是轻而易举就能实现的,做好此项工作需要搞好立法的全面规划。其规划程序:①确立立法权与立法主体。即图书馆立法主体按照一定原则创造作为行业法律立法的一种权力。由于立法是一种主权行为,所以立法主体应该是图书馆行业主权的所有者。②成立一个专门的立法机关,设立法规起草机构,组建一个规划领导班子,其人选应由相关组织部门提出名单并报上级部门批准。③要培训参与规划人员,提高规划人员的专业素质和政策观念,避免立法工作束手无策或前功尽弃。④要加强调查研究,从本行业的人、财、物等特点出发作统筹规划,做到总揽全局,胸中有数,确保立法的科学性、准确性。⑤提出或公布法规草案,确定地区或类型先搞试点,采取以点带面、点面结合的办法,不断总结试点工作经验,讨论、审议并完善所立法规草案。⑥颁布立法及其生效的日期,并跟踪反馈和监督执行力。此外,也可以依照宪法和法律先搞地方性的政策法规,以便尽快为图书馆事业的发展提供法律保证,充分发挥中央和地方两方面的积极性[7]。

高校图书馆社会化立法关照的实践活动应尽量超越目前的“有

限”范畴，其服务手段需不拘一格，内容应丰富多彩，形式应灵活多样。其服务政策的现实举措是：①政府出台有关优惠政策，引导高校图书馆对公众开放。②高校图书馆要树立社会化服务意识并有准确的定位。③与各类型图书馆协同合作，实现信息资源的整合与全民共享。④与社会上的信息需求对口企业合作开展产品开发和技术更新等科研项目。⑤对公共图书馆无法提供的用于学习研究的文献信息给予一定的开放。⑥与社区合作开展书目查询、文献借阅、电子阅览等系列社会服务。⑦量力实行分区管理，另辟空间或机构对社会开放服务。⑧利用寒暑假高校图书馆的闲置期适度向社会开放。⑨利用数字技术、物流服务满足读者的需求，整合高校图书馆与公共图书馆的数字资源，通过提供远程服务的方式对社会开放。⑩尽可能减少服务收费，形成长久的公益开放机制。同时，应积极寻求地方政府和企业的经费支持，扩大开放服务项目[8]。

三、成立相应的领导机构，保证此项工作的顺利进行

高校图书馆社会化服务是一项长期的、复杂的系统工程，涉及社会许多部门，需要建立一个科学高效的协调领导机构，推动此项工作健康、持续、有效地进行。

首先要在教育部高教司设立图书馆工作指导委员会。这个委员会对内负责制定各高校图书馆社会化服务工作的政策和总方案，督促检查此项工作的执行情况。对外承担和其他政府机构、行业协会的协作协调工作，包括和当地政府协商高校图书馆的共建共享、高校图书馆社会化服务的对象、时间、内容、场地和经费等。

各省市自治区教育厅要成立相应的二级工作指导机构，结合本地实际情况，制定本省市自治区高校图书馆社会化服务的政策及实施计划，制定有利于高校图书馆开展社会化服务的优惠政策，积极协调本

省市自治区宣传部门、文化部门和其他类型图书馆,构建图书馆联盟,为社会用户提供各类服务。制定高校图书馆社会化服务的监督和评估办法,定期对此项工作进行检查评估,保证此项工作有序进行。从目前我国的实际情况来看,各省市自治区高校图书馆社会化服务的协调管理机构可设立在教育厅,由一名副厅长担任主要负责人,各高校主管图书馆的副校长参加,主要工作由本省市自治区的高校图工委负责办理。

各高校图书馆可以以本校图书情报工作委员会为依托,具体规划、实施社会化服务的相关事务。这个机构除主管图书馆的校领导、图书馆负责人和学校相关处室、各学院相关领导外,还应吸收本地社区的相关负责人和居民代表参加。本机构应全面分析、掌握该校图书馆的职工队伍、馆舍使用、设备现状、信息资源等,了解掌握社区居民的学历、职业、年龄和信息需求状况,掌握本校各教学研究机构的专业、学科设置、教学科研状态及师生的文献信息需求,适时制定适合于本校图书馆的社会化服务细则,积极开展社会化服务工作。

四、以弱势群体为重点,开展多层次的服务项目

高校图书馆社会化服务,既要有开放的观念,也不能全面撒网、盲目行动,要在坚持开放的前提下突出重点,尤其是要为那些急于需要信息帮助、急于提高自身文化素质的弱势群体提供服务,这些弱势群体主要包括城市农民工、下岗人员、流浪者、身体残疾者等。

在提供对外服务方面,可结合本校教学科研信息利用情况和图书馆的馆舍、设备和文献资源现状,针对不同的用户以及用户的不同信息需求提供多样化的服务。

一是提供传统的基础性知识利用服务。可以为学校附近的居民办理借阅证,为他们提供报刊阅览和图书借阅服务。提供文献下载、打印、复印、扫描等服务。

二是发挥网络优势,为社会用户提供网络知识信息服务。网上图书馆具有不受时空限制,方便、快捷的特点。高校图书馆应针对本地区社会发展及经济建设的重点、热点,加强对网络信息的整合,将网上各种分散的、无序的信息收集起来,加以分门别类,从而使得大量随机无序的动态信息转变为有序的、稳定的可进行有效高速存取的信息资源,并通过不同的服务方式,来满足本地区广大用户的信息需要,在用户与网络之间架起一座桥梁[9]。高校图书馆还可通过图书馆主页介绍图书馆的馆藏文献、服务项目以及基本的科学文化知识,帮助社会用户提高科学文化素质。还可以通过网络手段和咨询部门为社会用户提供问题咨询、科技查新、文献传递等服务。

三是利用高校优越的师资资源和文献信息资源,为社会用户提供个性化的服务。对于任何一所高校来说,在所设置的许多专业中,总有几个专业在全国或本地区是具有特色的,这些特色专业的文献保障能力和学术研究水平是具有一定权威性的,且具有较高的知名度,也容易取信于社会用户,因此可以凭借专业特色的优势,将本校"特色"专业信息进行专项开发,形成特色数据库加以利用,便会取得一定的社会效益和经济效益。高校图书馆还可以利用电视、网络、手机等现代信息载体,围绕社会所需的不同信息分别制定服务策略,对特定范围的网络信息进行查寻、下载、分类、提炼、加工和输出,根据其个性需求主动给用户发送所需的知识信息,实现用户需求个性化[10]。面向政府机构、企业团体、科研部门提供各种信息咨询、可行性研究、项目论证、科技查新及定向跟踪等服务,如广西师范大学图书馆向教学科研人员提供广西神果罗汉果、贡品荔浦芋、珍稀濒危野生动物白头叶猴的信息,并形成了信息联系的长效机制。高校图书馆凭借自身的文献资源和人才优势,推介图书馆的文献信息资源,开展电子资源利用培训、检索技能培训、语言学习或专业技能培训等,帮助读者尽快学会使用现代技术设备检索查询文献信息。组织科普活动,举办专题讲座和学术报告,印发宣传品,如开展送书下乡、科技大篷车下乡活动,传播科技知识与文化;举办各种弘扬中华传统文化的展览、阅读辅导和读书活动，在校外开展知识宣传周活动，在校内开展读书月活动，倡导读好书、好读书的社会氛围。通过这些活动，实施素质教育，倡导终身学习，构建学习型社会[11]。

四是联合发达地区图书馆扶持西部贫困地区图书馆。西部贫困地区图书馆由于社会发展程度低，经济落后，购书经费紧张，出现了藏书数量少、藏书质量低的现象，而中东部地区图书馆由于社会发展程度高，经济发达，信息资源十分丰富，不仅拥有传统的纸质文献，还拥有电子文献、数字化的图书馆馆藏文献和网络化的信息资源。近些年来，许多高校改变了办学方向，专业设置进行了相应调整，图书馆原有的藏书资源需要进行重新整合，与现有新专业有关的图书需要大量购入上架，与现有新专业无关的图书需要剔旧下架。剔旧下架的这部分图书是十分宝贵的信息资源，可以捐赠给西部贫困地区图书馆，充实西部贫困地区图书馆馆藏，实现馆藏文献资源的重复利用。以石家庄经济学院为例，其原名为河北地质学院，拥有土壤学、地层学、矿物学、岩石学等大量图书资料。自20世纪90年代，因办学方向的原因，将河北地质学院改名为石家庄经济学院，专业设置发生了很大改变，新增了法律、公关、金融、旅游、外语、营销等许多专业，图书馆新购进了大量与新专业有关的图书资料，由于馆舍有限，新书需要大量的馆藏空间进行上架，需要加强剔旧补新工作，该馆将这部分剔旧图书捐赠给了西部贫困地区图书馆，同时实现了馆藏文献资源的重复利用。

五是结合农村实情开展教育扶贫。农村文化站由于设备条件差，管理人员文化素质低，缺乏对图书管理的基础知识及图书分类的专业知识，购书倾向于文化快餐、言情、武侠这类市场畅销书，进书质量低，不能满足对农民读者开展职业技术教育培训的需要。高校图书馆可以向文化站捐赠一些教学仪器设备、桌椅板凳、办公设备、学习用具、图书资料等；可以举办各种形式的培训班和专题讲座，对图书馆管理人员进行全面细致的业务培训、业务指导；可以举办实用信息发布会，通过原版原刊、产品样本样品展示会等传播信息，既方便了基层用户，又锻炼和提高了图书馆工作人员的素质[12]。

五、加强高校图书馆联盟的整体效能，采用多种模式互补的形式，提高服务质量

要提高高校图书馆社会化服务的效率，只靠某一个或某几个图书馆是难以完成的，必须充分发挥各种图书馆联盟优势互补的整体效能，尽最大力量满足社会用户的文献信息需求。

从现状来看，和高校图书馆结成的联盟有地域性的中心图书馆、高校图工委，也有行业性的图书馆联盟，如农业系统的高校图书馆工作委员会、民委系统的高校图书馆工作委员会、医学系统的工作委员会，还有数字资源的图书馆联盟，如CALIS、CASHL等。这些不同的高校图书馆联盟，在各自的系统当中，互相合作，共建资源，互通信息，基本达到资源共享的状态。

今后需要加强的工作主要包括：其一，加大各联盟馆之间资源的共建共知，把不同联盟图书馆之间的信息资源纳入某一高校图书馆的资源库中，尽可能地增加本图书馆为社会用户提供的文献信息总量。其二，提高各联盟文献信息资源的使用率。从现状来看，所有图书馆联盟的资源共知状态比较好，而共建和共享仍然达不到理想的结果，需要进一步采取措施，如馆际互借、共建网络平台、远程传递等，提高联盟各成员馆的文献信息使用率。其三，制定必要的规则、协议和服务评估标准，以促进成员馆间信息、人力等资源要素的自由流动和服务质量的提高。其四，使成员馆注重资源布局的分工和梯度，形成产业链，以整体优势应对外界竞争。其五，建立覆盖本区域、连接国际国内的信息资源共享平台和综合服务体系，按市场机制运作，为提高社会化服务水平提供资源保障[13]。其六，加强区域图书馆间的资源采集规划衔接，防止雷同和重复建设。同一区域内不同类型图书馆之间也各有特色，各自选择最适合自己的资源类型进行建设。在跨区域、跨行业的资源重组中，要建立区域内图书馆分工体系，注重资源布局

的梯度和分工,发挥优势,形成产业链,增强区域产业联动效应,以区域联合体的整体优势,应对外界竞争。其七,利用现有基础,加快信息基础设施建设,建立覆盖该区域、连接国际国内的信息资源共享平台和综合服务体系,促进信息技术的研究、开发和广泛应用,实现区域内信息资源的公开与共享。建立畅通的信息交流平台,搭建功能完善、服务周到、覆盖面广的联合体交流网络,共同构建图书馆间多元化、高效率、资源共享的大流通格局,实现融合共享,真正使区域图书馆之间形成一个开放、竞争、统一、有序的良好互动沟通格局[14]。

六、实行社会化管理

一是坚持实行馆务委员会指导下的馆长负责制和馆务公开制,委员会成员除主管校长及馆长外,应有一定数量、层次读者参加。二是在核定办馆规模服务任务的基础上,实行工资成本总量的定量化管理。校长与馆长之间签订目标责任合同,学校真正做到管事不管人。图书馆实行高难岗位精尖技术人才与普通体力劳动岗位人员的分类管理,以降低人才使用的经费成本。三是对文献采购和公共事务采用招标和外包方式,以杜绝腐败现象和压缩人员编制。四是组建多类型多载体文献共存互补的查、借、阅一体的文献布局模式,为读者提供“一站式”开架服务。将书库分为主题检索区和分类检索区。前者是利用率高的文献,按专题陈列;后者是流通率低的文献,按分类组织。五是推行专业人员上岗资格认证制度,竞争上岗制度,辅之以聘任合同制,并由经选举产生的“同行评审委员会”对岗位聘任实行仲裁,力争建立起干部能上能下,人员能进能出的用人机制。六是用模糊量化方式对不好量化的工作进行“认定式量化”(由相关负责人和业务骨干组成量化小组,对每项工作的工作量进行认定),按初级、中级、高级读者和基础服务、技术服务、参考咨询服务分别赋予不同的权值,并落实到每位职工。当然,当馆藏和读者变化时,需重新认定其工作量。七是由量化小组和相关各层次读者按一定比例合作，对职工服务质量和效果按年测评，结合出勤、创造性等一起作为年终考核依据，实行绩效优先兼顾一般的分配策略，并与职务(称)晋升、继续教育等挂钩，对超额完成工作量的要重点倾斜，以鼓励他们积极投身社会服务[15]。

高校图书馆还可以通过参与公共文化购买的形式服务社会用户。政府公共服务购买就是指政府将原来由政府直接举办的，为社会发展和人民生活提供服务的事项交给有资质的社会组织或个人来完成，并根据社会组织提供服务的数量和质量，按照一定的标准进行评估后支付服务费用，是一种“政府承担、定项委托、合同管理、评估兑现”的新型政府提供公共服务方式[16]。根据情况服务购买可采用有招标、竞争性谈判、单一来源采购、询价等多种方式[17]。与政府直接提供公共服务相比，社会组织提供的公共服务更具有回应性，能够满足公共需求的多样性和异质性。

目前，高校图书馆公共文化服务更多的是因发展进程需要的临时性合作。如校际联合建设图书馆，政府是为了打造现代化城市标志性文化名片，而高校则是想从当地政府得到更多的优惠政策和资金支持。现在我国高校办学经费除依赖公共财政投入外，更多依靠的是政策支持，因此，严格地说高校只能属于准公共组织，这为高校参与公共服务和经济建设打开了方便之门。不少高校以创办经济实体的形式从事科技开发和人才支持工作，在为社会提供科技支持的同时，也获取了较好的经济收益。但目前高校的社会经济活动多是非物质性的。一直以来，如果以视为国有资产的高校物资资源来获取经济回报往往会受到社会非议和责难。高校图书馆主要服务于学校的教学和科研，参与公共文化服务必然要付出人力、物力等成本，无论是从高校层面还是图书馆层面，都不会主动参与公共文化服务，为自己额外增加成本。一项活动若要保持长久的生命力，归根到底要靠长久的利益机制。目前高校图书馆社区公共文化服务中缺乏有效、合理的利益平衡机制，成为阻碍服务推进的最现实的障碍。因此，必须解决高校图书馆参与公共文化服务的运行机制和成本补偿问题，由高校图书馆参与政府服务委托或项目购买不失为参与公共文化服务的一种可行模式。

高校图书馆公共文化服务购买的形式主要有：

(1)长期服务购买。这类购买方式一般适用于那些长期需要的服务或资源供给。如高校图书馆将闲置的馆藏文献资源根据居民需求长期分量提供，政府职能部门或服务网点按量核算补偿。

(2)任务性服务购买。这类购买方式一般适用于一次性资源供给或服务，服务或资源提供完成时合同即可终止。如高校图书馆针对社会开展的业务培训、信息咨询、课题信息跟踪服务或项目评估等服务，因其时间性、针对性较强，一般适用于任务性服务购买。

(3)业绩服务购买。业绩服务购买是政府职能部门要求高校图书馆明确界定服务的种类和标准，按照资源、服务的数量和质量对服务进行综合评价的一种服务购买形式。如对高校图书馆提供的文献资源，不仅根据提供的数量，还要根据其利用的效果来综合给予考核，从数量和内容两方面来考核文献资源的质量。对于任务性文献信息服务，更多也应从实际业绩来给予质量评价[18]。

高校图书馆公共文化服务购买的内容主要包括：图书资料供给，向社会居民直接开放服务，与社区共同开展文化活动，社区文化管理服务人才的培训，社区居民技能培训等。

七、建立高校图书馆社会化服务的评价体系

正确、科学的评价体系是做好一项工作的可靠保证。要持久、深入地开展好高校图书馆社会化服务工作，除了以上措施外，还要建立健全科学实用的评价体系。

对图书馆的服务质量进行评价，首先必须明确其评价的标准。不可否认，这种评价是对图书馆工作的评价，但图书馆所做的一切工作，都理应也必须是“始于客户的需求，终于客户的满意”，这种评

价将是“基于用户的图书馆服务质量评价”,是“用户以自身感受为基点对服务质量进行的评价”。可见,图书馆服务质量评价始终是围绕着用户、读者来开展的,其根本的评价标准是用户对图书馆服务的满意度。

以用户的满意度作为评价原则,它不但要求图书馆的服务要有一个好的结果,还应有一个好的过程。并不是图书馆的投入多、资源多,用户利用的多,服务就自然会好,用户就一定会满意,“极少有证据证明这个经验逻辑的正确性”,实际上,“高利用率完全可能伴随低满意率”。同时,以用户的满意度作为评价原则,还有助于建立一种公平的竞争环境,这是因为如果以馆藏资源、以硬件作为评价标准,那些大馆、强馆即使不怎么努力,只要不出大乱子,仍然可获得较高的评价,而一些小馆、弱馆无论怎样努力,也无法达到较高级别,这必将打击图书馆改进服务工作的积极性,弱化评价的激励作用[19]。

建立科学、全面的服务评价体系,是提高图书馆的办馆效益和实现图书馆可持续发展目标的关键。何珊认为在图书馆服务评价体系的多个评价指标中,“读者满意度”和“图书馆绩效”2 个指标不可或缺[20]。

1. 用户满意度评价

用户满意是图书馆全面质量管理的基点,也是推行全面质量管理的指导原则,追求用户满意是图书馆全面质量管理的终极目标。

用户满意度评价是衡量高校图书馆图书馆社会化服务质量和水平的核心要素。菲利普·科特勒指出:满意度是指一个人通过对产品和服务的可感知的效果与其期望相比较后所形成的感觉状态。高校图书馆用户满意就是用户对图书馆提供的信息产品和信息服务的感知和体会与用户的服务期望之间的关系。当用户的使用感受能够符合甚至超过其期望,或者图书馆提供的服务能够符合甚至超过用户需求时,用户就会感到满意,对图书馆的服务质量肯定。用户满意,保持对其吸引力,是图书馆可持续发展的动力。因此用户满意度评价包括:①图书馆信息产品满意是基础。②图书馆信息服务满意是核心。③用户感知满意是关键。

用户满意度测量方法一般分面对面咨询和通讯咨询两种。面对面咨询是根据预先设计好的满意度指标和调查内容,对抽样到的用户进行详尽的访问,使访问者对图书馆使用产品的情况有系统、全面的了解和总体把握。王娟等基于用户满意度的系统构成和指标体系设置的基本原则以及地方高校图书馆用户满意度影响因素分析,建立了由 4 个一级指标、17 个二级指标的用户满意度评价指标体系,其主要目的是找出影响用户满意度的各个因素重要程度,定量地测算出图书馆用户综合满意度,比较分析影响图书馆用户服务评价体系各因素的优缺点。研究表明,用户满意度评价一级指标包括馆藏、服务、设备、环境,二级指标体系包括文献资源结构、二三次文件加工等,以构成用户满意度的评价指标体系[21]。

2. 图书馆绩效评价

建立图书馆绩效评价体系,就是对图书馆各个要素的运行效能和服务效益进行评估。高校图书馆作为非营利性质的组织,其绩效评价的思想精髓在于以人为本,围绕全心全意为用户服务的办馆宗旨开展工作,通过分析图书馆的运行现状,发现存在的问题,让馆员充分参与图书馆的管理过程,并重视馆员的发展。图书馆绩效评价体系分以下 2 个层次:

(1)整体绩效评价

将图书馆作为一个组织从整体来考评运行的效率和效益,主要包括:①资源建设的效益:馆藏文献的效绩效评价;人力资源的绩效评价;馆舍、设备及其他设施的绩效评价。②读者服务的效益:图书馆提供的基础性服务(书刊借阅、宣传、教育、展览等)绩效评价;图书馆提供的技术性服务,如文献资源的整合、咨询和科技查新、定题服务及用户的培训与教育的绩效评价。③图书馆内部工作、管理的效益:党务建设的绩效评价；行政工作的绩效评价；业务部门的绩效评价。

(2)馆员绩效评价

图书馆提供用户满意的高质量社会化服务，最终离不开具有良好素质的馆员。图书馆的全面质量管理中应通过各种措施提高馆员能力并调动和发挥其积极性、主动性和创造性，从而使在推动图书馆事业发展的过程中馆员的自我价值得到实现，以达到图书馆管理的终极目标为用户提供最优质服务。根据不同岗位性质(如管理岗位和服务读者岗位)的评价要求进行对馆员德、能、勤、绩四方面的考评。①"德"：包括职业道德水准和为用户服务的精神；②"能"：包括专业职称、业务能力、创新精神以及指导他人的能力；③"勤"：包括劳动纪律性、学习业务和工作的积极性；④"绩"：包括业务工作取得的进展、质量以及在学术研究上取得的成果。

唐元华撰文提出了高校图书馆社会化服务的评价体系[22]。文章指出，高校图书馆社会化服务评价体系建设目标，是体系能够涵盖服务能力评价、服务过程评价、服务效果评价，体系建立后能够为任何高校图书馆开展社会化服务提供参考依据。

文章从服务项目开展前、服务项目进行中、服务项目周期终结后3个时点和时段上筛选要素，设定评价指标。综合考虑影响社会化服务质量与效益的关键要素。

①对社会化服务的认可度。

②与社会化服务相关的信息资源拥有情况。

③人力资源的配备情况。

④突发事件应对能力。

⑤服务对象。

⑥服务方式。

⑦服务时间。

⑧社会效益评估。

⑨成本补偿。

以上9个要素可以概括为三大板块：服务项目准备要素、服务项目实施执行要素、服务项目后评价要素。

参考文献

[1] 孙忠芳,罗威,谷春红. 高校图书馆社会化服务的思考[J]. 农业图书情报学刊,2009(3).
[2] 吴建平. 高校图书馆社会化服务的营销策略[J]. 情报探索,2008(11).
[3] 李万梅. 略论高校图书馆社会化服务的策略[C]//数字化环境下的高校图书馆建设. 兰州:甘肃人民出版社,2010.
[4] 路茂林. 创建高校图书馆开放服务新思想[J]. 农业图书情报学刊,2009(3).
[5] 廖武山,谢斯杰,陈聘婷. 高校图书馆社会化服务之法律初探[J]. 海南广播电视大学学报,2009(3).
[6] 中华人民共和国高等教育法[EB/OL]. [2016 - 02 - 10]. http://baike. baidu. com/link? url = wQSDtoLbjZTjxMmNvGcKLFhxPEArQFQQKD8ta2C0eTHV0gO_TLpNokSxHnP_HSfZKpVgGd25EtpDHWUVYXFsi_.
[7] 杜辉. 王磊,刘晓. 高校图书馆社会化服务政策设计[J]. 图书馆工作与研究,2014(12).
[8] 辛希孟. 中国图书情报工作文库(第四卷)[M]. 北京:中央编译出版社,1996.
[9][10] 李霞. 高校图书馆社会化服务问题研究[J]. 内蒙古科技与经济,2010(5).
[11] 马娴. 高校图书馆社会化服务新探[J]. 高校图书馆工作,2011(3).
[12] 彭江山. 教育扶贫——高校图书馆社会服务的新途径[J]. 科技情报开发与经济,2006(8).
[13][15] 沈颖. 校图书馆社会化服务创新探究河南图书馆学刊[J]. 2009(5).
[14] 曹志梅. 区域图书馆联合体及其构建[J]. 中国图书馆学报,2007(3).
[16] 杭州市财政局课题组. 关于政府购买服务问题的思考[J]. 经济研究参考,2010(44).
[17] 中华人民共和国政府采购法[EB/OL]. [2016 - 02 - 12]. http://www. people. com. cn/GB/jinji/20020629/764316. html.
[18] 沈光亮. 服务购买:高校图书馆参与公共文化服务新模式[J]. 情报资料工作,2011(3).
[19] 徐成兵. 试论高校图书馆服务质量评价体系的建构[J]. 现代情报,2008(2).

[20] 何姗.基于高校图书馆全面服务质量管理体系的构建[J].现代情报,2008(3).
[21] 王娟等.基于读者满意度可拓聚类的地方高校图书馆服务评价体系研究[J].安徽农业科学,2010(35).
[22] 唐元华.高校图书馆服务社会化评价体系构建[J].农业图书情报学刊,2014(5).

第十一章　高校图书馆社会化服务发展趋势展望

随着科学技术的不断发展和社会文明程度的不断提高,高校图书馆社会化服务工作将会得到更多的关注、更多的支持和更大的发展。展望未来,新的高科技技术将会更多地运用到此项工作中,越来越多的高校图书馆将会参与到服务社会的活动中,服务范围定会越来越广,服务方式将会更加丰富多彩,高校图书馆社会化服务工作将会持续、规范、科学、深入地开展下去。

一、服务范围越来越广泛

2016 年 3 月 17 日,新华社全文发布了《中华人民共和国国民经济和社会发展第十三个五年规划纲要》。该纲要包括 20 篇 80 章,从建设小康社会和文明社会的目标出发,结合我国的具体国情,从战略的高度对我国今后五年的经济建设和社会发展做出了全面的部署和规划。其中,加快推进服务业优质高效发展,推动城乡协调发展,支持贫困地区加快发展,推进教育现代化,增加公共服务供给,提升国民文明素质,丰富文化产品和服务,提高文化开放水平等内容或多或少地与加快高校图书馆社会化服务有关。

我国社会化服务普及较好的应该是农业和体育。

美国农业社会化服务主体主要有政府系统、合作服务系统及私人服务系统。

政府服务系统主要由农业部农业研究局、农业推广局、州合作研究局等联邦农业研究所和推广机构、53 所州立大学农学院、农业实验站以及县农业推广办公室共同组成，任务是在政府财政的支持下，将农业知识免费传递给农民。美国政府很少直接干预农业，但却为农业提供大量的相关服务，如基础设施建设、创造农产品流通条件等。

美国的农业社会化服务体系中，私人服务公司为农业提供全面系统的购销、加工以及产中服务，甚至还提供教育、科技推广方面的服务。美国农业部门的合作社几乎全部是服务性质的，这主要是由美国农业生产效率极高、专业化程度极高决定的。

王洋对农业社会化服务作过专门的问卷调查。从问卷统计结果来看，对于农户日常需要的服务项目如农业生产资料供应、农业技术指导、农业信息的获取、农产品销售等各服务主体服务比重。在农业生产资料供应服务中，个体经销公司比重最大，达到53.9%，接下来依次是政府及涉农事业单位、村集体、合作经济组织、农业院校和科研院所；在农业技术指导方面，政府及涉农事业单位、村集体、个体经销公司均发挥重要作用，合计比重达43%；在农业信息提供方面，村集体及个体经销公司扮演重要角色；在收割、脱粒、采摘、分级、包装、储运、加工、销售等方面，村集体和个体销售公司提供服务比重远远大于其他服务主体，其中个体经销公司服务比重更大一些；在农产品质量检测方面，政府及涉农事业单位、合作经济组织以及个体经销公司是主力军，而村集体和农业院校科研院所发挥作用不明显。从整体来看，“自我服务”项目的比重均较高，这其中最重要原因就是农户经营规模较小，有些必要的工作依靠自己或亲朋好友即可完成，所以不需要其他服务主体提供服务。但是仅从各服务主体提供服务比例来看，政府及涉农事业单位、个体经销公司、村集体服务比重较高，而农业院校及科研院所、合作经济组织发挥的服务功能相当有限。这一结论也与农户对各服务主体的满意度评价结论相一致。农户对各服务主体服务的满意度评价由高到低依次是政府及涉农事业单位、村集体、个体经销公司或企业、合作经济组织、农业院校和科研院所[1]。

随着人们对于体育活动的功能的新认识，体育运动的普及成为一个不可逆转的社会潮流。人们进行体育活动，需要一定的空间和运动设施,而体育场馆正是人们进行运动训练,运动竞赛以及身体锻炼的专业性场所,是人们心中的最佳锻炼场所。体育场馆利用的程度一定程度上取决于它的资源合理性的配置,现代体育场馆的建设,要求在满足比赛要求的前提下同时满足长期经营的需要,而经营效益的好差,主要取决体育场馆的使用效率和体育场馆与休闲,娱乐和商业活动密切结合程度(提供体育赛事以外的其他综合性服务来吸引观众,延长顾客在体育场馆内的时间)。在高校体育场馆中,主要体现在它对外社会化的高低程度,而社会化服务的程度可以从社会化服务的对象得以实践检验。

社会化服务时间是高校体育场馆的利用率的一个衡量标志,它可反映场馆的使用程度,包括时间使用率和空间使用率。通过调查,南昌市 10 所高校体育场馆对外开放时段主要集中在早、晚和双休日;周一至周五晚上占 80%;周一至周五早晨占 60%;双休日、节假日(短期)占 50%。由统计数据可知,南昌市高校体育场馆为实现更有效的对外开放,提高体育场馆的利用率,除利用早晚和双休日对外开放体育场馆外,还应注意不同的时段向不同的人群开放,以满足广大群众各种健身需求。尤其要注意的是,节假日和寒、暑假期间由于对学校正常的教学影响较小,是高校场馆对外开放的极好时段,现如今南昌市高校体育场馆未最大化合理利用,需加强研究和安排寒暑假高校体育场馆服务策略,充分发挥其功效[2]。

西北民族大学体育设施向社会开放也是一个很好的例证。多年来,西北民族大学每天早晚定时开放大操场、篮球场、网球场等体育场馆,不论本校教职员工还是其他社会人员,都允许进入场馆锻炼,学校安排专人加强管理,确保安全。另外,学校还在大操场和各家属院安放了体育器械,供本校教职员工和附近居民健身。

高校图书馆社会化服务今后的发展趋势也同体育场馆和设施一样,向大众化、普及化方向转变。最直接的是处于郊区和农村地域的高校图书馆,可能会有更多的机会面向社会用户提供服务。而处于中心城市的高校图书馆,无偿提供学习空间,有选择地向社会用户提供文献借阅、网上信息浏览、复印打印、信息咨询,和社区联合建立流动图书馆等,是今后发展的趋势。

高校图书馆社会化服务普及化的另一个表现是参加此项工作的高校图书馆将会越来越多,服务的社会用户也会越来越广。随着服务意识的逐渐转变和服务手段的不断改进,面向社会服务的高校图书馆将会越来越多,而认识图书馆、利用图书馆的社会用户也相应地增多。

高校图书馆不仅会面向一般的、个体的社会用户进行服务,而且会更多地向政府部门、企业组织、科研机构及社会团体提供专项的咨询服务,还会向处于边远地区的弱势群体用户提供不要的知识信息服务。

二、各种现代化服务手段交织使用

高校图书馆社会化服务发展趋势的又一特点就是高新技术的普遍利用,催生出越来越先进的服务手段。

手段一:免费的无线网络。无线网络(wireless network)是采用无线通信技术实现的网络。无线网络既包括允许用户建立远距离无线连接的全球语音和数据网络,也包括为近距离无线连接进行优化的红外线技术及射频技术,与有线网络的用途十分类似,最大的不同在于传输媒介的不同,利用无线电技术取代网线,可以和有线网络互为备份。如今,许多高校图书馆都实现了馆内无线网络全覆盖或者校内无线网络全覆盖,校外读者一旦进入馆内(或校内)就可以直接登录无线网络,免费上网,使用网络信息资源。

由于无线网络的覆盖面积远远超过了有线网络信息传输的覆盖面,使得高校图书馆信息共享服务突破了传统的地域限制。无线网络使得高校图书馆信息服务的触角可以延伸到过去因为技术限制无法达到的地理区域,尤其是实体图书馆、有线互联网无法普及的偏远地区,这对于弥补信息鸿沟、实现信息公平有着非常重大的现实意义。

手段二:电子阅报器。电子阅读器是一种采用LCD、电子纸为显示屏幕的新式数字阅读器,可以阅读网上绝大部分格式的电子书比如PDF、CHM、TXT等。不过现在的电子书阅读器越来越多采用的是电子纸技术,即特指使用eink显示技术,提供类似纸张阅读感受的电子阅读产品。屏幕的大小决定了可以单屏显示字数的多少。而应用于电子书阅读器屏幕的技术有电子纸技术、LCD等显示技术。如西北民族大学图书馆2012年就购买10台电子阅报器,订阅100余种电子报纸安放到阅报器中,报纸实现实时更新。读者(包括校外读者)可以通过地区、主题、报纸名称等进行检索查阅。

手段三:移动图书馆。移动图书馆(亦称手机图书馆)服务是指面向移动用户提供的以智能手机、iPad(美国苹果公司的平板电脑)、PDA(Personal Digital Assistant,掌上电脑)等移动终端设备为载体,通过无线接入的方式访问图书馆资源、阅读电子书、查询书目和接收图书馆服务信息的一种新型服务方式。目前国内外各公共图书馆、高校图书馆纷纷推出了自己的移动图书馆服务。我国自2003年起陆续推行此项服务,并取得了一定程度的进展。目前,移动应用主要包括面向移动用户的网站与OPAC、移动馆藏、短信提醒服务、短信参考咨询服务、移动语音导览等内容。

我国的高校图书馆联盟大致分为传统的高校图书馆联盟、数字图书馆联盟和移动图书馆联盟。与国外高校图书馆联盟不同,我国的数字图书馆联盟从来不是一个真正的共享风险、共担利益的联合体:很多成员不具备独立完成联盟所交给任务的能力;成员馆之间没有明确的权利、义务划分,导致责任不明;缺乏有效的监督机制,对成员执行联盟任务、完成项目情况不能进行恰当的评估与反馈。最为重要的是缺乏必要的利益均衡机制,导致信息资源基础好、技术先进、投入多、产出多的成员得不到相应的回报,从而严重地挫伤了这类成员建设数字图书馆的积极性。

面对移动图书馆建设与利用过程中的难题,高校图书馆迫切需要通过逐步探索、选择、完善一种有效的组织形式与发展策略,来协调、解决信息资源共享过程中所涉及的一系列影响因素,从而保证高校信息资源共享工作的可持续发展。这种全新的组织形式就是移动图书馆联盟。移动图书馆联盟是一个全新的概念,一种全新的组织形式,一种完全不同于以往图书馆联盟与数字图书馆联盟的定义。高校移动图书馆联盟是高校图书馆为了实现读者任何时间、地点都能无限制地获取信息资源的目标,以无线网络技术为知识资源推送手段,以合作方成员自有资源与网络资源为知识仓库,以实现资源共享、互惠互利为目的,与移动运营商、数据库开发商、网络信息技术公司等网络运营商、服务商、开发商以商业化运作的形式组织起来的、受共同认可的协议和合同制约的联合体。

移动图书馆联盟不同于以往一般意义的图书馆联盟,也不等同于数字图书馆联盟,它们之间存在着极大的差异。回顾以往图书馆联盟或数字图书馆联盟,几乎所有的联盟都是以某一个图书馆为中心馆,并在其中起主导地位,集中采购、集中编目、联机参考咨询,主导着联盟的发现方向。以实现资源共享、互惠互利为目标而组织起来的,不以赢利为目的。而移动图书馆平台开发与构建是开展移动图书馆业务的基础条件。无论是移动服务平台的支撑还是在数字图书馆系统中移动应用的开发,目前国内外图书馆都是采取与移动运营商、数据库开发商、网络信息技术公司相合作的形式,以上成员在移动图书馆联盟建设中扮演着至关重要的角色,这三方是以营利为目的与图书馆组成的合作体[3]。

手段四:校外访问。校外访问是为了方便住在校外的本校师生访问图书馆电子信息资源的一种方式。如上海交通大学图书馆规定,校内师生如果身在校外,可以通过以下方式访问图书馆的电子资源:

代理服务:为了便于通过电信等公共信息网络上网的我校师生访问那些只允许在校园网内才能访问的资源(如图书馆的某些数据库、OA 办公系统等),网络中心目前已开通内部访问代理服务。只要是申请了校园网统一账号(JAccount)并开通了电子邮件服务的本校师生都可以通过输入自己的账号和口令使用网络中心提供的内部代理功能。

VPN 服务:本服务已正式开通,目前仅对教工开放,需使用 VPN 服务的教工可到网络中心申请开通。

高校图书馆可以在知识产权允许的基础上,仿照本校校外师生使用电子资源的形式,为社会用户提供数字资源服务。

手段五:网上信息咨询平台。网上咨询是进入 21 世纪后公共图书馆、高校图书馆和科学图书馆普遍运用的一种服务方式,主要是通过建立网上咨询平台,和读者实时互通信息,了解读者信息需求状况,解答读者的问题。网上咨询平台有单个图书馆的,也有联盟性质的。高校图书馆网上咨询对象主要是本校师生,也对社会用户提供咨询服务。如北京大学图书馆在主页设有咨询台,包括实时问答、电话咨询、邮件咨询、BBS 等形式。上海交通大学图书馆在主页上建有图书馆 BBS 和留言板,用来解答读者问题。

网上信息咨询平台比较有影响的是"全国图书馆参考咨询联盟"。它是在全国文化信息资源共享工程国家中心指导下,由我国公共、教育、科技系统图书馆合作建立的公益性服务机构,其宗旨是以数字图书馆馆藏资源为基础,以因特网的丰富信息资源和各种信息搜寻技术为依托,为社会提供免费的网上参考咨询和文献远程传递服务。

"全国图书馆参考咨询联盟"拥有我国目前最大规模的中文数字化资源库群:电子图书 120 万种、期刊论文 4000 多万篇、博硕士论文 300 万篇、会议论文 30 万篇、外文期刊论文 500 万篇、国家标准和行业标准 7 万件、专利说明书 86 万件,以及全国公共图书馆建立的规模庞大的地方文献数据库和特色资源库,提供网络表单咨询、文献咨询、电话咨询和实时在线咨询等多种方式的服务。

"全国图书馆参考咨询联盟"实行资源共享和免费服务政策。读者在本网络将可得到全国图书馆提供的网上参考咨询和文献远程传递服务。对读者提出的问题,将会努力做到有问必答。读者对获取到的信息须严格按照我国法律法规和知识产权保护等相关规定下使用[4]。

手段六：自助借还技术。FRID 是无线射频识别技术的简称，它通过非接触和非线性可见的方式传送标识物质，进而对物体进行身份识别。FRID 具有良好的防伪性能，保密性好，操作快捷方便。

图书借还自动化系统是基于 FRID 技术的图书馆智能管理系统的一个子系统。图书馆智能管理指的是：利用先进的 FRID 的技术，将门禁、借书卡、图书标签、标签转换系统、自助借还书机、馆员工作站等系统融合在一起，对图书馆进行更为有效的一种管理模式。图书自助借还系统是一种可对粘贴有 RFID 标签的流通资料进行扫描、识别并可进行相应借还处理的设备系统，读者可自助进行流通文献的借还操作，方便读者和馆员对流通文献进行借还处理，可以通过 SIP2 协议或 NCIP 协议与应用系统对接，快速准确地完成借阅，是图书馆智能管理系统中的一个子系统[5]。

20 世纪 90 年代末，国外的图书馆开始专注并引入 RFID 技术，新加坡是最早在图书馆使用 RFID 的国家，随后，美国、澳大利亚、荷兰、马来西亚等国也相继使用该技术来提高图书馆智能化管理水平和人性化服务水平。世界大型图书馆应用 RFID 的速度正以每年 30% 的速度增长，到 2008 年，已经有超过 2200 家图书馆使用该技术[6]。

我国图书馆界应用 RFID 技术起步较晚，应用 RFID 技术的图书馆也为数不多。2006 年集美大学诚毅学院图书馆和深圳图书馆首次亮相使用 RFID 技术，经过 2 年多的沉寂和观望，自 2008 年开始，该项技术在我国图书馆领域迅速铺开，被越来越多的图书馆所采用。据曾频等人收集统计，截至 2012 年 4 月，共收集了 207 家基于 RFID 技术的图书馆案例，还有 65 家图书馆装备了基于 RFID 技术的自助式街区图书馆。在 207 个基于 RFID 技术的图书馆案例中，公共图书馆为 142 家，所占比例为 68.6%；学校图书馆（以高校图书馆为主）65 家，所占比例为 31.4%[7]。

三、服务方式越来越灵活

由于我国高校图书馆社会化服务工作还处于起步和逐渐发展阶段，所以在今后一段时间内，其服务方式不会是单一的，而是既有传统的手工服务形式，也有现代化的网络服务形式，深层次的专题服务、咨询服务和学习共享空间等将会有很大的发展空间。

1. 传统的手工服务仍有很大空间

我国目前的知识服务点或者文献信息服务点还比较分散，在地域分布上非常不均衡，处于边远贫困的农村地区信息化程度还非常低。尽管近年来国家在积极实施“农家书屋”建设工程和“文化信息共享工程”等提升农村文献信息水平的工程，但从效果来看，还远远未达到预期的目的，所以高校图书馆社会化服务还有很大的发展空间，传统的服务方式仍有很大的市场。

从已有的服务方式来看，高校图书馆传统的社会化服务方式主要包括：向社会用户提供自修学习场所，为社会用户办理借阅证，吸引社会用户来图书馆阅览报刊、借阅图书，和社区联合为社会用户举办知识培训讲座，在社区举办文献信息以及知识宣传，为乡村用户提供流动图书馆服务等。

2. 网络信息服务将大显身手

从高校图书馆的服务形式来看，网络信息服务所占比例已越来越大，并受到越来越多的用户的青睐，这不仅反映在高校图书馆电子信息资源的比例越来越大，而且表现在其服务的手段越来越现代化、信息化、数字化，所以网络信息服务方式将是今后高校图书馆社会化服务最重要的服务形式。其一，高校图书馆的主页服务。高校图书馆的主页反映本图书馆的基本情况、信息资源、服务项目，并有其他知识资源的介绍，社会用户可以通过浏览图书馆主页了解高校图书馆的基本状况。其二，高校图书馆的免费数据库和免费网络资源服务。国内高校图书馆拥有非常丰富的数字资源，有些是有知识产权的，有些是免费的，如西北民族大学图书馆自建的“甘肃特有民族研究资料数据库”、兰州大学图书馆自建的“敦煌研究数据库”等，除了本校师生外，校外用户也可随时使用。另外高校图书馆还可将有特色的网上资源，按照用户的需求进行下载组织，提供给社会用户。其三，文献远程传递和网上信息咨询。高校图书馆可通过建立网上咨询平台和学科馆员的形式，以网上实时互动、邮件咨询等形式解答社会用户的问题，提供社会用户所需的文献信息。其四，为社会用户提供网络课程。高校图书馆可以根据大多数社会用户的需求，通过和网络课程机构协作或者自己整合，以 MOOC 的形式，定期为社会用户开通网络课程，不断提高他们的知识素质。

3. 深层次知识信息服务初见端倪

深层次的知识信息服务即是从用户的实际状况和信息需求出发，结合用户的事业发展，面向用户，开展适合用户全面发展和提升自身文化素质的一系列知识信息服务。这种服务在国家全面加强技术创新、提升全民素质的大背景下尤为迫切和重要。深层次的知识信息服务过去在科研院所图书馆和高校图书馆内已开展并取得了较好的成绩，今后在条件许可的情况下，可逐渐运用到社会化服务中。

深层次的知识信息服务形式很多，这里就选择比较适合社会用户的几种形式做一介绍。

数字化参考咨询服务。在现代网络环境和信息技术支持下，高校图书馆除了保留必要的面对面的解答咨询外，大多借助网络开展数字化参考咨询服务。其主要形式有：[8]

（1）在线参考咨询服务。这是一种在网络虚拟环境下参考服务人员直接面对用户，即时回答用户提出问题的参考咨询方式。它保持了传统咨询服务中实时互动的特点，而又突破了时间、地点以及用户心理的局限。目前,聊天室、网络会议、网络白板、网络呼叫中心等都是实时交互参考咨询可利用的形式。

(2)异步式参考咨询服务。这主要是基于电子邮件的数字参考咨询服务形式。一般图书馆都在其网页上设立一个专门“信箱”,用户咨询问题以邮件形式发送过来,参考服务人员再将答案以邮件形式传给用户。这是目前图书馆常用的参考咨询方式。

(3)专家式参考咨询服务。用户把问题委托给咨询专家,由专家来根据问题提供方案或其他知识产品的服务。这种问题往往是专业领域研究性的课题。

(4)合作式参考咨询服务。这是指由多个图书情报机构联合形成的分布式虚拟参考服务网络,它以庞大的因特网资源和众多成员机构的馆藏资源为依托,以全球网络为桥梁,以各成员机构的资深参考咨询员和各学科专家做后盾,通过一定的数字参考系统,为在任何时间、任一地点提出问题的任何用户提供参考服务。

(5)个性化定制服务模式。这是指按照用户个人的需求、爱好和知识体系而定制一个聚合了分布式多元化信息资源、工具和服务的数字信息体系,并以此为用户提供连续性、系列化的专业信息服务。这种模式一方面体现在参考咨询等以解决用户的具体问题为基础的灵活服务中,另一方面也将融入系统和组织体制中。

(6)学科馆员式服务模式。该服务模式按照学科专业领域来组织人力和资源,是高校图书馆知识服务的一种模式。高校图书馆在各院系安排具有专业背景的学科馆员负责一个或几个专业,通过定期或不定期地与用户联系,深刻了解用户信息需求、信息行为以及反馈意见,从而提出系统的专业信息资源建设意见,并反馈给图书馆管理部门。这种服务不但能够起到调整、协调、反馈和动态跟踪作用,而且可以提供相关专业领域的知识信息咨询服务。

学习共享空间。学习共享空间(Learning Commons,LC)源于信息共享空间(Information Commons,IC)的基本理念,是其概念内涵的重要构成部分。根据现有理论研究与实践探索结果,IC、LC 在服务功能上并无质的区别，只是LC在IC研究和实践领域中更具侧重性、更倾向于普通用户的交流学习，而不是仅仅以支持科研为目的的信息服务。或者说，LC除具有IC所有的特征和功能外，更加强调对协同式学习过程的全面支持[9]。

高校图书馆学习共享空间的建设，既不同于公共图书馆，也不同于专业的科研院所图书馆，其特点和模式是与它独有的服务对象与服务职能所决定的[10]。

(1)更加强调自主式学习。学习共享空间是一个概念更具包容性的词汇，常常包括信息共享空间所强调的观念。学习共享空间的组织原则是基于学习的，不仅只是提供信息和技术，更重要的是通过各种最有效的工作方式促进学习。学习共享空间的构建要在空间上给予宽松、舒适的场所，设备、家具要方便适用，资源考虑综合化、多类型、多层次化，服务方式要快捷，体现一条龙的原则。同时，高校图书馆学习共享空间的建设，要在以图书馆为中心的基础上，引入和包含许多图书馆外部的功能与活动，而且扩展到这些功能和活动以前的空间，例如全体教员发展中心、教学和电子学习中心，图书馆融入课程管理系统，写作、学习支持、特殊项目、学习小组、职业咨询中心，可随意调整和定制的协作工作空间。

(2)更加注重协作化服务。学习共享空间是从信息共享空间发展而来的，因此与信息共享空间一样，强调协作建构式学习，充分支持群体学习、团队学习和协作知识创新。“共享”理念和学习共享空间的实施为学习者、研究者和信息专业人员提供了一个实体上的、技术的集成社区，支持探索各种教育及研究课程和活动。学习者和研究者找到一个由共享空间中无缝隙的资源与服务集成的统一体，获得可以独立、自我充分思考、研究的机会，激发出创造力。高校图书馆学习共享空间更加注重协作化服务，除了设备、馆舍、资源以外，其他如提供技术支持、写作培训、职业设计、课题辅导等，还要同学校教务处、学生处、研究生处、科研处、网络中心等进行紧密地协作，才能达到学习共享空间的预期效果。

这种全方位的、协作式的知识信息服务是当下比较流行而又更适合信息用户的知识服务形式,高校图书馆可通过一定协议,或限定一定条件向社会用户提供此类服务。

4. 个性化服务逐渐普及

美国图书馆学会(American Library,ALA)下属的图书馆和信息技术领域专家小组(Library and Information Technology Association,LITA) 1999 年 1 月对图书馆技术的发展做出的预测中指出[11],图书馆技术发展的 7 大趋势是:①定制与个性化;②网络资源评价;③人文因素;④技术;⑤家庭学者;⑥认证和权限管理;⑦submerging technologies。MyLibrary 的不断涌现印证了该专家小组所做的预测。据调查,目前美国大多数大学图书馆都建有自己的 MyLibrary。个性化服务是相对于图书馆普遍的群体服务而言的,是传统图书馆定题服务、重点读者服务在网络环境下的深化,是基于对信息用户信息使用的习惯、偏好、特点、研究课题和研究方向等,向用户提供满足其独特需求的一种针对性服务,是图书馆等信息服务业向纵深发展的方向和重要内容。

个性化服务目前采用的主要方式有以下几种:

(1)定制

定制信息服务是大规模定制运用在信息服务中的体现,它运用先进信息技术,通过用户定制获取用户个人信息,了解和推测用户的需求,从而为用户提供更为到位的信息服务,提高用户满意度。同时通过与用户的直接或间接沟通,改善与用户的关系,增加用户的忠诚度。

在个性化定制信息服务中,用户可以根据自己的兴趣和需要选择(定制)信息。定制的内容非常丰富,包括资源、界面和服务 3 大类。其中定制的资源是指用户感兴趣的资源类型,例如针对数字图书馆的信息,人们可以选择常用的数据库、电子期刊、相关网站、搜索引擎、专业词表等参考信息源。定制的界面包括界面颜色、图标、布局等。定制服务可以选择自己需要的服务,如将自己比较困惑的问题和解决方案汇集在一起生成 FAQ 服务,包括设定电子邮件提醒服务,以便系统自动将感兴趣的信息发送到自己的 E-mail 信箱中；在个性化页面中选定本专业的咨询专家，以便随时获得专家帮助。

(2)代理

信息代理是指图书馆等信息部门充分发挥其在信息收集、整理、分析和人员、设备等方面的优势，为用户代理各项信息事务。智能代理技术是一种能够完成委托任务的智能计算机系统，能模仿人的行为执行一定的任务，不需要或很少需要用户的干预和指导。智能代理通过跟踪用户在信息空间中的活动，自动捕捉用户的兴趣爱好，主动搜索可能引起用户兴趣的信息并提供给用户。

智能代理的主要功能有：个性化的信息管理代理库，管理用户个人资料；信息自动通知；通过分析用户的兴趣，提供建议性的页面和链接；智能搜索，进行信息过滤，为用户提供更准确的信息；动态个性化页面，给用户提供一个适宜的友好的浏览界面。

(3)MyLibrary

基于个性化信息服务的 MyLibrary 已引起国内外图书馆界的广泛注意。MyLibrary 系统由美国康奈尔大学图书馆开发并于 1999 年投入使用[12]。该系统目前由两部分组成：Mylinks 和 MyUpdates。这两个产品遵循共同的开发方法和核心技术，用 Java 动态创建 HTML，运用 Oracle 数据库技术存储大量的用户信息。用户通过 ID 和口令认证才能登录自己的 MyLibrary，根据需要可以进入 Mylinks 或 MyUpdates 的界面。

Mylinks 是为用户个人组织数字化资源的工具，用户可利用它收集、组织和维护图书馆提供的数字信息资源以及 Web 的各种资源链接，将个人所需的信息组织在自己的 Mylinks 中。MyUpdates 是将图书馆新到资源及时通报给用户的工具。MyLibrary 还允许个人创建一种列有突合速盖可获得信息资源的网页，页面可包括系统的信息、馆员的联络方式、用户的个人图书馆馆员、校内资源、学科专业网络资源、外文数据库、电子期刊、搜索引擎等内容的直接链接。

四、政策体系将会越来越完备

高校图书馆社会化服务的正常开展，必须依赖健全的法律和政策体系。今后，随着社会文明程度的不断提高和各项法律体系的不断健全，有关图书馆或高校图书馆建设及服务方面的政策和法规也将会不断完善。

从已有的政策和法律体系来看，已经有政策法律在支持或允许高校图书馆开展社会化服务，最新出台的几个法规文件可以证明这一点。

《中华人民共和国公共图书馆法(征求意见稿)》[13]。我国《公共图书馆法》的立法工作从2008年11月份开始启动，整合了全国各方面的资源，以立法研讨会、层层审核、征求意见等方式对这部法律进行各方面的审查与修改。《中华人民共和国公共图书馆法(征求意见稿)》于2015年12月9日由国务院法制办发布，该法的出台并面向公众接受社会各界的建议与意见，这是我国在公共图书馆立法方面的一大突破和进展。虽然在严格意义上来说，《公共图书馆法》还没有最后成型并真正为广大人民群众服务，但就其征求意见稿的公布，让我国全国各界人士看到了我国公共图书馆立法工作的最新成果并真正有机会参与到公共图书馆立法工作当中来。《中华人民共和国公共图书馆法(征求意见稿)》关注了我国公共图书馆建设与管理中的各个方面的问题，社会各界对该法的关注程度很高，希望通过该法提出完善建议而促使《公共图书馆法》在正式颁布和实施时能发挥其应有的作用。

《中华人民共和国公共图书馆法(征求意见稿)》主要把握了以下几点：一是坚持政府主导、各方参与，明确政府是发展公共图书馆事业的主体，同时鼓励公民、法人或者其他组织，以及高等学校图书馆、科研机构图书馆等各方力量积极参与公共图书馆事业。二是坚持公共图书馆服务标准化、均等化，推动建立覆盖城乡、便捷实用的公共图书馆网络，明确公共图书馆应当具备的基本条件和运行管理的基本要求。三是坚持以人为本、服务读者，规定公共图书馆基本服务免费，推动公共图书馆丰富服务内容、提高服务水平，满足人民群众精神文化需求。该法共六章四十二条，其中第一章第六条规定：高等学校图书馆、科研机构图书馆以及政府设立的其他类型图书馆向公众开放的，国家给予必要的经费支持。该法的出台对高校图书馆社会化服务工作有了一定的促进。

《普通高等学校图书馆规程》(2015 年修订)。本规程在借鉴前两版本内容的基础上，通过多次向同行征求意见并请业内专家进行论证下形成的。本规程以教育部教高〔2015〕14 号文件的形式下发，其内容紧密结合当下高新技术的迅猛发展及其应用，适应众多用户多样化的文献信息需求，详细地规定了新形势下高校图书馆的职能、任务、人员、服务、设施等重要内容。其中第三十七条规定：图书馆应在保证校内服务和正常工作秩序的前提下，发挥资源和专业服务的优势，开展面向社会用户的服务。这里去掉了 2012 年版的“有条件的图书馆”，把高校图书馆社会化服务的职能更加明确化。

基本公共文化服务均等化。2014 年 3 月 5 日，十二届全国人大二次会议在北京召开，李克强总理在政府工作报告中强调，促进基本公共文化服务标准化均等化，倡导全民阅读。李克强表示，文化是民族的血脉。要培育和践行社会主义核心价值观，加强公民道德和精神文明建设。继续深化文化体制改革，完善文化经济政策，增强文化整体实力和竞争力。李克强指出，促进基本公共文化服务标准化均等化，发展文化艺术、新闻出版、广播电影电视、档案等事业，繁荣发展哲学社会科学，倡导全民阅读。

2015 年 1 月 14 日，中共中央办公厅、国务院办公厅印发《关于加快构建现代公共文化服务体系的意见》，对加快构建现代公共文化服务体系，推进基本公共文化服务标准化均等化，保障人民群众基本文化权益做了全面部署[14]。

意见强调,要按照全面建成小康社会的总体要求,构建体现时代发展趋势、适应社会主义初级阶段基本国情和市场经济要求,符合文化发展规律、具有中国特色的现代公共文化服务体系,为实现中华民族伟大复兴中国梦提供强大精神动力和文化支撑。要以人民为中心,以社会主义核心价值观为引领,坚持正确导向,坚持政府主导、社会参与、共建共享、改革创新的原则,到2020年,基本建成覆盖城乡、便捷高效、保基本、促公平的现代公共文化服务体系。

意见提出,要统筹推进公共文化服务均衡发展。因地制宜、分类指导,建立基本公共文化服务标准体系,促进城乡基本公共文化服务均等化,推动革命老区、民族地区、边疆地区、贫困地区公共文化服务实现跨越式发展,保障老年人、未成年人、残疾人、农民工、农村留守妇女儿童等特殊群体享有基本公共文化服务。提升公共文化设施建设、管理和服务水平。

意见强调,要增强公共文化服务发展动力,推动文化事业和文化产业协调发展。引入市场机制,培育和促进文化消费,满足群众多样化的精神文化需求。进一步简政放权,吸引社会资本投入公共文化领域。建立健全政府向社会力量购买公共文化服务机制。鼓励和引导社会力量参与。培育和规范文化类社会组织,大力推进文化志愿服务。

意见指出,要加强公共文化产品和服务供给,提升公共文化服务效能。推进公共文化服务与科技融合发展,提升现代传播能力。建立公共文化服务体系建设协调机制,实现共建共享,提升综合效益。加大公益性文化事业单位改革力度,完善公共文化服务评价工作机制。建立健全公共文化服务财政保障机制。加强基层文化队伍建设。建立健全公共文化服务法律体系。

与意见一同印发的《国家基本公共文化服务指导标准(2015—2020年)》,对各级政府应向人民群众提供的基本公共文化服务项目和硬件设施条件、人员配备等做出了明确规定。在此标准的基础上,各地将从实际出发,制定适合本地区的实施标准,并落实保障资金。

有关部门将加大监督检查力度，对意见和标准的落实情况进行督查。

基本公共文化服务均等化精神的发布和逐渐落实，对高校图书馆社会化服务提供了政策依据，对进一步推进此项工作提供了可靠的保证。

从高校图书馆社会化服务的政策法律体系来看，目前还显得不是太完备，有些只是概论性地、模糊地提到，没有明确地指出；有些是提到了义务和职能，但具体的运行方式、经费投入、人员组成、工作评价等没有明确规定。所以，从高校图书馆社会化服务的长远发展看，必须借鉴国外高校图书馆社会化服务的法律法规，借鉴已出台的《中华人民共和国公共图书馆法（征求意见稿）》以及最新版的《普通高等学校图书馆规程》，结合我国高等教育的发展和高校图书馆的运行规律，制定《中华人民共和国高校图书馆法》，在此法规中详细规定高校图书馆社会化服务的各项内容。

《关于修改〈中华人民共和国高等教育法〉的决定》。2015 年 12 月 27 日第十二届全国人民代表大会常务委员会第十八次会议通过了对 1998 年 8 月 29 日第九届全国人民代表大会常务委员会第四次会议通过的《中华人民共和国高等教育法》修改意见。修改后的高等教育法共八章六十九条，主要修改内容如下：[15]

将第四条修改为："高等教育必须贯彻国家的教育方针，为社会主义现代化建设服务、为人民服务，与生产劳动和社会实践相结合，使受教育者成为德、智、体、美等方面全面发展的社会主义建设者和接班人。"

将第五条修改为："高等教育的任务是培养具有社会责任感、创新精神和实践能力的高级专门人才，发展科学技术文化，促进社会主义现代化建设。"

将第二十四条修改为："设立高等学校，应当符合国家高等教育发展规划，符合国家利益和社会公共利益。"

将第二十九条修改为："设立实施本科及以上教育的高等学校，由国务院教育行政部门审批；设立实施专科教育的高等学校，由省、自治区、直辖市人民政府审批，报国务院教育行政部门备案；设立其他高等教育机构，由省、自治区、直辖市人民政府教育行政部门审批。审批设立高等学校和其他高等教育机构应当遵守国家有关规定。”

“审批设立高等学校，应当委托由专家组成的评议机构评议。”

“高等学校和其他高等教育机构分立、合并、终止，变更名称、类别和其他重要事项，由本条第一款规定的审批机关审批；修改章程，应当根据管理权限，报国务院教育行政部门或者省、自治区、直辖市人民政府教育行政部门核准。”

将第四十二条修改为：“高等学校设立学术委员会，履行下列职责：

（一）审议学科建设、专业设置，教学、科学研究计划方案；

（二）评定教学、科学研究成果；

（三）调查、处理学术纠纷；

（四）调查、认定学术不端行为；

（五）按照章程审议、决定有关学术发展、学术评价、学术规范的其他事项。”

将第四十四条修改为：“高等学校应当建立本学校办学水平、教育质量的评价制度，及时公开相关信息，接受社会监督。”

“教育行政部门负责组织专家或者委托第三方专业机构对高等学校的办学水平、效益和教育质量进行评估。评估结果应当向社会公开。”

将第六十条第一款修改为：“高等教育实行以举办者投入为主、受教育者合理分担培养成本、高等学校多种渠道筹措经费的机制。”

将第二款中的“教育法第五十五条”修改为“教育法第五十六条”。

涉及高校图书馆或高等学校社会化服务的内容主要有：

国家鼓励企业事业组织、社会团体及其他社会组织和公民等社会力量依法举办高等学校，参与和支持高等教育事业的改革和发展。

国家支持采用广播、电视、函授及其他远程教育方式实施高等教育。

高等学校应当以培养人才为中心,开展教学、科学研究和社会服务,保证教育教学质量达到国家规定的标准。

高等学校根据自身条件,自主开展科学研究、技术开发和社会服务。

国家鼓励企业事业组织、社会团体及其他社会组织和个人向高等教育投入。

从高等教育法的修改情况来看,就高等学校开展社会化服务的规定没有明显的改观,只是引导性地强调:高等学校应当以培养人才为中心,开展教学、科学研究和社会服务。高等学校根据自身条件,自主开展科学研究、技术开发和社会服务。而关于高校图书馆开展社会化服务的内容更是难以找到,这方面职能需依赖于《普通高等学校图书馆规程》。

《国家创新驱动发展战略纲要》[16]。2016 年 5 月 19 日,中共中央、国务院印发了《国家创新驱动发展战略纲要》(以下简称《纲要》),并发出通知,要求各地区各部门结合实际认真贯彻执行。这是国家落实创新驱动发展战略的总体方案和路线图,同时也让人们对未来全面创新的中国有了诸多期待。创新驱动就是创新成为引领发展的第一动力,科技创新与制度创新、管理创新、商业模式创新、业态创新和文化创新相结合,推动发展方式向依靠持续的知识积累、技术进步和劳动力素质提升转变,促进经济向形态更高级、分工更精细、结构更合理的阶段演进。

当前,我国创新驱动发展已具备发力加速的基础。经过多年努力,科技发展正在进入由量的增长向质的提升的跃升期,科研体系日益完备,人才队伍不断壮大,科学、技术、工程、产业的自主创新能力快速提升。经济转型升级、民生持续改善和国防现代化建设对创新提出了巨大需求。庞大的市场规模、完备的产业体系、多样化的消费需求与互联网时代创新效率的提升相结合,为创新提供了广阔空间。中国特色社会主义制度能够有效结合集中力量办大事和市场配置资源的优势,为实现创新驱动发展提供了根本保障。

《纲要》从战略背景、战略要求、战略部署、战略任务、战略保障、组织实施等六个方面对我国今后一个时期创新驱动发展战略进行了全面论述。提出紧紧围绕经济竞争力提升的核心关键、社会发展的紧迫需求、国家安全的重大挑战,采取差异化策略和非对称路径,强化重点领域和关键环节的任务部署。

《纲要》尽管没有专门提到高校图书馆社会化服务方面的内容,但在信息技术、公共服务、高校科研等方面间接地有了论述,主要有:发展新一代信息网络技术,增强经济社会发展的信息化基础。发展智慧城市和数字社会技术,推动以人为本的新型城镇化。以新一代信息和网络技术为支撑,积极发展现代服务业技术基础设施。建设超算中心和云计算平台等数字化基础设施,形成基于大数据的先进信息网络支撑体系。增强原始创新能力和服务经济社会发展能力,推动一批高水平大学和学科进入世界一流行列或前列。科研院所和高校建立专业化技术转移机构和职业化技术转移人才队伍,畅通技术转移通道。依托移动互联网、大数据、云计算等现代信息技术,发展新型创业服务模式,建立一批低成本、便利化、开放式众创空间和虚拟创新社区,建设多种形式的孵化机构,构建"孵化+创投"的创业模式,为创业者提供工作空间、网络空间、社交空间、共享空间,降低大众参与创新创业的成本和门槛。

关于高校图书馆社会化服务的发展趋势还有很多,以上只是笔者归纳的主要特征,但不管怎样,随着我国科学技术水平的不断提高和国民素质的整体提高,将会有越来越多的民众成为高校图书馆的忠实读者,也会有越来越多的高校图书馆,通过多种方式,面向社会提供更为广泛、更为便捷、更为精深的知识信息服务。

参考文献

[1] 王洋. 新型农业社会化服务体系构建研究[D]. 东北农业大学,2010.

[2] 柯够红. 营销组合在南昌市高校体育场馆社会化服务的运用研究[D]. 江西

师范大学,2013.

[3] 梁欣.移动图书馆联盟:高校图书馆信息资源共享未来的发展趋势[J].情报资料工作,2012(2).

[4] 全国图书馆参考咨询联盟章程[EB/OL].[2016-03-04].http://www.ucdrs.net/admin/union/service.jsp.

[5] 张弘.基于FRID技术的图书自助借还系统在高校图书馆的应用[J].赤峰学院学报(自然科学版),2015(5).

[6] 陈进,邓景康,景祥祜.图书馆RFID技术及应用[M].上海:上海交通大学出版社,2013.

[7] 曾频,高飞,宁璐.基于RFID技术的图书馆管理系统的分析与评价[J].图书情报工作,2013(5).

[8] 陈利涛,赵国忠.图书馆知识服务的特点及模式分析[J].图书馆学刊,2010(9).

[9] 宋惠兰.空间:为学习而变——加拿大皇后大学图书馆的学习共享空间[J].情报理论与实践,2009(5).

[10] 赵国忠.高校图书馆建设学习共享空间的理性思考[J].农业网络信息,2013(7).

[11][12] 孟广均.国外图书馆学情报学最新理论与实践研究[M].北京:科学出版社,2009.

[13] 崔敏.《中华人民共和国公共图书馆法(征求意见稿)》的评价[D].辽宁师范大学,2013.

[14] 关于加快构建现代公共文化服务体系的意见[N].人民日报,2015-01-15(2).

[15] 关于修改《中华人民共和国高等教育法》的决定[EB/OL].[2016-03-10].http://www.edu.cn/edu/gao_deng/gao_jiao_news/201512/t20151228_1352121.shtml.

[16] 中共中央国务院印发《国家创新驱动发展战略纲要》[EB/OL].[2016-05-25].http://politics.people.com.cn/n1/2016/0520/c1001-28365384-7.html.